KB001046

하룻밤에 읽는 **초간단 권리분석**

| 박수진 지음 |

나는 쇼핑보다
경매투자가
좋다 3

다산
북스

정말 무일푼으로도
부동산을 보유할 수 있는가?

한 학생이 쪽지를 보냈다. 얼마 전 자신의 절박한 심정이 담긴 메일을 보냈던 터라 금방 그녀의 아이디를 알아볼 수 있었다. 그녀는 다시 이렇게 묻고 있었다.

"선생님, 정말 무일푼으로도 부동산을 보유할 수 있나요? 정말 그럴 수 있나요?"

담긴 내용을 본 후, 그녀가 얼마 전 보냈던 메일을 열고 다시 답변을 보냈다.

"맘만 먹으면 정말 무일푼으로도 부동산을 보유할 수 있고, 수익도 낼 수 있습니다. 그러니 용기를 내세요."

경매공부를 하는데 막상 시작하고 보니 더욱더 혼란스럽기만 하다는 것이었다. 이런 말을 많이 듣는 터라 수업시간에 한 물건에 대해 소개를 했다. 26%대로 떨어진 오피스텔 물건이었다. 유치권 신고가 되어 있는 물건이라 사람들이 함부로 덤비지를 못하고 유찰만 계속되던 물건이었다. 수업시간마다 이 물건에 대해 어떻게 접근할 것인지 조금씩 이야기를 했다. 그런데 움직인 사람은 과연 몇 명일까? 겨우 세 명이었다. 그중 한 사람이 바로 이 쪽지를 보낸 분이었다.

이제 막 경매공부를 마친 상태였는데 이 학생이 어마어마한 금액의 유치권 신고가 되어 있는 물건을 겁도(?) 없이 덜컥 낙찰받았는데 그 배경은 이랬다.

수업시간에

"유치권자가 소유자의 동의 없이 사용, 대여를 하면 유치권은 상실됩니다."

그리고 게시판에 이렇게 글을 올렸다.

"지금 진행되는 호수에 임차인신고가 되어 있는 호수들."

이 게시글을 본 그녀는 밤을 새워 진행되는 호수와 임차인이 있다는 호수를 대조해 보았다. 하루종일 일을 하느라 지친 몸으로 새벽까지 수백 건이 넘는 호수를 대조해보았던 것이다. 그리고 나에게 쪽지를 보냈다.

"선생님이 말씀하신 호수들 중에 맞아떨어지는 호수가 몇 있는데 그중 가장 적은 금액의 호수 둘 중의 하나를 입찰하려 합니다. 어떤

기준으로 한 곳을 정해야 하는지요?"라고 물었다.

"내일 관리실에 전화를 하셔서 그중 관리비가 적은 쪽을 선택하시면 될 겁니다."

이 쪽지의 답변에 그녀는 일하는 시간에 잠깐 짬을 내어 연체된 관리비를 물어 적은 금액의 호수로 맘을 정했다. 그리고 입찰 날. 그 호수에 두 명이 입찰을 했는데 그녀가 낙찰을 받은 것이다. 그 금액이 1,800만 원대이다. 그 호수의 지금 전세가는 4,000만 원이고, 월세로는 500에 40만 원에서 50만 원을 받을 수 있다.

그녀는 유치권전문가는 아니지만 유치권에 대한 공부는 이미 선행되어 있었다. 그리고 무일푼으로 부동산을 보유할 수 있고 또는 잘하면 전세를 놓고 수익도 낼 수 있다는 나의 말을 믿고 행동으로 옮긴 것이다.

『나는 쇼핑보다 경매투자가 좋다』라는 나의 첫 번째 책이 나가고, 유독 많았던 질문이 바로 '정말 경매투자를 하면, 적은 종자돈으로도 부동산투자를 할 수 있느냐?' 하는 것이었다.

내가 다시 한 번 그녀에게 묻는다 할지라도 그녀는 분명 이렇게 대답할 것이다.

"맞습니다. 정말 적은 돈으로도 얼마든지 경매투자를 할 수 있습니다."

그녀는 그 증거를 보았기 때문이다. 그런데 솔직히 이야기를 해야겠다. 경매투자자에 나선 사람들 중 많은 사람이 하소연을 한다. '돈 될 만한 물건이 없다.', '부동산 경기가 좋지 않아 부동산으로 돈을 벌 수 있다는 이야기는 모두 옛날이야기다.'라고 푸념만 한다. 그래서인지 실제로 배운 것을 실천에 옮기는 사람들이 매우 드문 게 요즘의 현실이다.

이런 현실을 뛰어넘으려면 무엇보다 '공부를 해야 한다.' 그래야, 얼마든지 돈이 될 수 있는 물건이 숨어있었다는 것을 알게 된다. 하지만, 이런 물건이 보여도 막상 '실천'에 옮기지 못하고 주저하다가 좋은 기회를 놓치는 경우가 많다. 그러나 배운 대로 '실천'에 옮기는 사람들은 늘 수익을 창출하고 있다. (지금 당장은 아니어도 몇 년이 지나 그렇게 된 분들이 많다.)

만약, 부동산투자에서 수익을 내지 못하고 잘못된 투자를 했다면, 그것은 공부하는 자세를 버리고 먼저 돈을 벌어보겠다는 생각이 너무 앞섰기 때문이다.

투자공부가 제대로 되었다면, 반드시 돈은 뒤따라 오게 마련이다. 만약, 경매투자자로 성공을 해보겠다는 분들은 여기에 나오는 권리분석 내용만이라도 백 퍼센트 숙지를 하고 시작했으면 한다.

얕은 지식은 화를 부른다.
그리고 배움에는 반드시 '실천'이 따라야 한다.

자신을 부자로 만들 수 있는 것은 바로 투자자인 자신뿐이지 그 누구도 아니다. 그리고 투자가 잘못되었다면 그것은 투자에 대한 공부가 덜 되었음을 인식해야 하지, 남을 탓해서도 안 된다. 그리고 투자자로 나서는 사람들이 반드시 명심해야 할 것이 있다.

"실패자는 실패자의 목소리만 들린다.
성공하고 싶으면, 성공한 자들의 말을 따라야 한다.
남의 불평불만에 동조하며 자신의 하루 삶을 보낸다면
몇 년 후에도 당신은 그저 인생의 불평꾼으로만 남아 있을 것이다."

당신의 그릇은 얼마만큼의 크기인가?

오랜 세월 살지는 않았지만 필자에게는 한 가지 큰 믿음이 있다. 그것은 이미 신은 우리가 원하는 선물을 주고자 준비를 해두고 있다는 것이다. 그런데 그 선물을 받는 것은 모두 자신의 그릇 크기만큼이라는 것이다.

경매투자를 하면서 가장 절감하는 것도 바로 이 부분이다. 경매투자는 정말 알면 알수록 많은 것을 알게 해주는 투자분야다. 하루에도 수백 건씩 경매물건들이 나오는데 분명 거기에는 우리가 황금을 캘 수 있는 것들이 숨어 있다.

그런데 이런 물건을 잘 골라 수익을 내기까지, 모두 자신의 그릇 크기만큼 보이고, 수익도 그만큼 낼 수 있다는 사실을 알게 되었다.

그래서 수익을 거두려면 먼저 자신의 그릇 크기부터 키워야 한다. 그리고 이 믿음에 또 하나 세우고 있는 원칙이 하나 있다.

"기본을 지켜야 한다."

경매투자로 실패하는 경우는 기본을 지키지 않아서인 경우가 많다. 시세조사를 제대로 파악해야 하는데 제대로 하지 못한 경우, 시세보다 높게 낙찰을 받게 된다. 해당 점유자를 제대로 파악해야 하는데 그렇지 못해 어려움에 봉착하고 입찰 보증금을 떼이기도 된다. 하지만, 누구보다 기본을 잘 지켜 의외로 좋은 결과를 보게 되는 경우도 있다.

"선생님, 임차인도 우선매수신고를 할 수 있나요?"

한 학생이 수업시간에 질문을 했다.

"임차인들의 우선매수신고는 임대주택일 경우만이에요."

라고 대답을 하니 임대주택에 살고 있지 않은 임차인이 우선매수신고를 했다고 한다. 그래서 의문 나는 것이 있다면 해당 경매계에 문의를 해보는 것이 가장 좋다고 일러주었다.

그녀는 해당 경매계에 찾아가 왜 임차인이 우선매수신고를 했느냐고 물었다. 그러자 계장님은 우선매수신고를 하면 다 받아주기는 하지만 이 임차인이 우선매수할 수 있는 권리는 없다고 알려주더란다. 그래서 그녀는 맘에 드는 빌라에 입찰하여 결국 낙찰을 받을 수 있었다. 그녀가 만일 우선매수신고가 되어 있는 물건이라고 미리부터 포기하였다면 낙찰을 받을 수 없었을 것이다. 배운 대로 하나씩 짚어가다 보니 좋은 결과를 얻게 된 것이다.

"경매투자로 돈을 벌 수 있는 노하우는 무엇입니까?"

이 질문을 수도 없이 듣는다. 여러 가지 노하우가 있겠지만 성공하는 경매투자의 노하우는 이렇다.

첫째: 투자자는 팔면서 이익을 내는 것이 아니라, 사면서부터 이익을 내는 것이 진정한 투자자다.

필자는 매도가격으로 수익을 따지지 않는다고 여러 번 강조한다. 그것은 파는 가격은 얼마든지 시세에 따라, 사고자 하는 수요자의 맘에 따라 변화하기 때문이다. 그래서 늘 사면서부터 수익을 낼 수 있는 부동산을 찾으려고 노력하는 것이다.

그리고 사면서부터 이익을 낼 수 있는 투자분야가 바로 이 경매투자이기도 하다. 그러니 이왕 경매로 투자를 하겠다고 맘을 먹었으면 맘을 내몰리지 말고 사면서부터 수익을 낼 수 있는 물건만 가려볼 수 있는 눈과 지식을 길러야 한다.

둘째: 협상이다.

입찰 전까지는 투자자의 발품과 지식에 달렸다. 하지만, 낙찰을 받고 나서는 수익을 더 낼 수 있느냐 없느냐는 '명도'에서 결정된다. 명도는 가장 어려운 부분이다.

왜냐하면, 점유자가 낙찰자에게 도저히 납득할 수 없을 정도의 금액을 요구하는 것이 만연하기 때문이다. 그래서 낙찰을 받고 나서 점유자가 과도한 이사비를 요구하면(그것이 수천만 원에 이르는 경우가 너무 많다.), 낙찰자는 보증금을 뗄 것인가를 고민하기 시작한다.

하지만, 낙찰을 받고 나서 만나게 되는 점유자들과 얼마든지 협상이 가능하다는 것을 믿고 시작해야 한다. 그러면 수천만 원의 이사비가 정말 몇십만 원의 이사비로도 가능해진다는 것을 알게 될 것이다. 그래서 경매투자를 해서 수익을 극대로 얻고 싶은 사람은 따로 이 협상에 대한 공부도 해둔다면 아주 큰 도움이 될 것이다.

두서없는 나의 이야기지만, 경매투자를 하면서 그리고 투자에 나선 많은 사람을 만나고 나서 꼭 당부하고 싶었던 이야기들을 한번 해 보았다. 자신이 삶의 주인으로서 살고자 하루하루 노력하는 모든 분들에게 조금이라도 도움이 되길 간절히 바란다.

유쾌하게 권리분석 공부하기

"성공이란, 마술도 눈속임도 아니다. 그것은 집중하는 법을 배우는 것이다."

– 잭 캔필드

'과연 이 소의 그림 값은 얼마일까?'

강연을 끝내고, 지인들과 자리를 함께하면서 담소를 나누는데 한 낯선 여성이 갑자기 우리 옆 의자에 앉는다.

눈이 무척이나 동그랗고 예쁜 아가씨였다. 갑작스런 행동에 놀라고 있는데 그녀는 두 손을 모으고 공손히 묻는다.

"선생님, 한 번만 선생님께서 임장 갈 때 따라가면 안 될까요…?"

이 질문에 나는 너털웃음을 지었다.

"절 따라다녀 봤자 배울 게 아무것도 없을 거예요."

하며 지인들에게 도와달라는 눈짓을 했다. 그래도 그녀는 집요하다.

"그래도 선생님 임장 가는 것 한 번만 보면 경매라는 것이 무엇인지 좀 윤곽이 잡힐 것 같아요. 그러니 한 번만…."

이렇게 부탁하시는 분들이 워낙 많아서 난 나지막한 한숨을 쉬고, 종이 위에다가 그림 하나를 그렸다.

아주 못생긴…, 잘 보아야 알아볼 수 있는 '소 그림'이었다. 이 그림을 그녀에게 내밀며 물었다.

"이 소의 그림 값이 얼마입니까?"

갑작스런 질문이어서인지 그녀가 당황해 한다. 옆에 앉은 지인들이 거든다.

"15억요…."

이 대답에 난색을 하며 소리를 질렀다.

"아니 이게 무슨 '15억'이란 말이에요?"

난 동그란 눈의 아가씨를 바라보면서 다시 한 번 물어보았다.

"이 그림 값은 얼마입니까?"

이 질문의 의도를 안 다른 지인이 그런다.

"많이 쳐줬다. 150원요."

이런 대화가 어색한지 그 여성은 더 불안한 기색이다.

"…보세요. 제가 그린 이 소 그림은 아무런 가치가 없습니다. 그 누구도 사지 않을 그림입니다. 그렇다면, 만약 제가 그 유명한 화가 이중섭이었다면 이 그림 값은 얼마입니까?"

나의 두 번째 질문에 그녀는 더 당황해 할 뿐 또 대답을 못 한다.

그러자 나의 그림을 150원이라도 쳐준 그 지인이 다시 대답한다.

"그렇다면, 말이 달라지겠네요. 이중섭이 그린 그림이라면 정말 15억은 가겠습니다."하며 크게 한바탕 웃는다.

"맞아요. 이 그림이 아무리 몇 초 만에 그려진 단순한 소 그림이라 할지라도 화가 이중섭 씨가 그렸다면 가치는 달라질 거예요. 하여튼 저와 함께 임장을 가보신다면 많이 실망하게 될 거예요."

"…그건 왜죠?"

이중섭 씨의 이야기를 하다 말고 뜬금없이 나와 함께 가보는 임장에 실망할 거라는 말이 그녀는 더더욱 이해가 되지 않나 보다.

"전 사람들에게 임장 갈 때 꼼꼼하게 이것저것 조사를 하라고 해요. 그러면서 정작 저는 현장에 가서는 정말 짧은 시간 안에 끝내거든요."

"……."

방법은 백만 가지도 넘지만 원리라고 할 수 있는 것은 거의 없다. 원리를 이해하는 사람은 무수한 방법 중에서 자신만의 방법을 제대로 골라낼 수 있다. 원리는 무시하고 방법만 찾으려는 사람에게는 틀림없이 문제가 생긴다.
- 랄프 왈도 에머슨

대부분 사람이 경매투자에 관심을 갖게 되는 것은, 누군가 경매투자로 돈을 벌었다는 이야기를 듣고서다. 그것도 적은 종자돈을 활용하여 부동산으로 돈을 벌 수 있다는 것에 초점을 맞추고는 한다. 그래서 먼저 경험한 사람들의 사례 이야기를 보며 이렇게 하면 될 거라는 가능성을 본다.

하지만, 당부하고 싶은 것은 그들의 사례는 바로 '이중섭의 소'의 그림이나 마찬가지이다.

소 한 마리가 전부인 그림이지만 그 그림이 인정받는 것은, 이중섭의 지난날 속에는 기본적인 그림 그리기에서부터 끊임없는 노력과 공부, 그리고 연습이 있었기 때문이다. 그래서 이중섭처럼 그림을 그리고 싶은 사람이 (소 그림만 처음부터 그리는 것이 아니라) 기본적인 회화를 배워야 하듯, 경매투자도 바로 그러하다. 모든 것을 건너뛰고 어떤 이의 사례대로 그 방법을 해보는 것은 물론 어떤 결과를 낼 수도 있지만 거기에는 분명 큰 한계점이 있다.

요즘처럼 경매투자가 일반화되어 가고 있는 시점에서 수익을 내고 부를 거머쥐기 위해서는 더욱더 많은 공부를 해야 한다.

"경매투자를 하려면 먼저 공부를 해야 합니다."
라는 이 말을 들으면 사람들은 이렇게 묻는다.

"무슨 공부를 어떻게 해야 합니까?"
경매투자는 부동산투자를 위한 여러 방법 중 하나다. 그래서 부동산시장의 흐름과 경제적인 동향도 살펴야 적절한 시점에 부동산을 매입하고 매도할 기회를 잡을 수 있다.

하지만, 경매는 사실 더 깊게 파고들면 경제적 상황에도 상관없이 돈을 벌 수 있는 투자법이기도 하다. 이런 투자법을 자신의 것으로 만들기 위해서 가장 기본적으로 공부해야 하는 것이 바로 '경매투자의 권리분석 공부'라 말할 수 있겠다.

이런저런 한 부동산의 등기부상 권리들과 거기에 살고 있는 임차인들과의 문제, 그리고 등기부상에 나오지 않는 권리들이 경매로 매각되고 나면 어떻게 될 것인가를 파악하기 위해서는 바로 이 '권리분석 공부'가 선행되어야 하는 것은 필수다.

보통 일반인들은 3개월에서 6개월 정도 걸린다는 이 권리분석 공부가 의외로 초보자들에게 쉽지 않다는 것을 필자 또한 경험으로 잘 알고 있다. 그렇기 때문에 일반 사람들이 실전투자와 함께 이 방대한 권리분석에 대한 공부를 보다 더 효과적으로 할 수 없을까 고민을 많이 했었다. 그래서 이 자리를 통해 나만의 '권리분석 공부의 노하우'를 이야기할까 한다.

나만의 권리분석 공부 노하우

첫째: 권리분석의 내용이 전반적으로 잘 정리되어 있는 핵심적인

책 하나를 선정하여 정독을 한다. 틈틈이 경매투자 사례 이야기가 담겨 있는 책도 함께 보면서, 공부해가는 내용들을 접목시킨다면 보다 더 쉽고 재미있게 볼 수 있다.

둘째: 그 책을 완전히 통달할 때까지 보고 또 본다. 그리고 나서 머릿속에 권리분석의 뼈대를 만들어 나간다.

셋째: 그리고 난 다음, 다른 어려운 권리분석 책들이나 판례들을 보아가며 처음 선정했던 책에서 나오지 않는 부분들을 앞서 잡았던 뼈대에 맞추어 살 붙이기 작업을 해나가도록 한다.

처음에 '권리분석의 기본 뼈대'만 잘 갖추어 놓으면 어려운 권리분석 부분이나 판례들에 대한 분석도 쉬워지고 공부하는 속도도 빨라진다.

그래서 몇 년 전부터 작업해오던 것이 이 권리분석 책이다. '실전투자를 하며 반드시 알아두어야 할 부분'과 '중점적으로 보아야 할 부분'들을 모아 기본 골격을 잡았다.

아무쪼록 보다 체계적으로 쉽게 공부할 수 있는 지침서가 되었으면 하는 것이 필자의 간절한 바람이다. 그리고 이 책을 기본서로 잡는다 할지라도 이외의 다양한 책도 두루두루 함께 섭렵했으면 한다.

2009년 4월 봄에
부자파로스 박수진
http://cafe.naver.com/bujapharos

Part 1

경매, '경매'의
기본사항들

권리분석 · 대항력과 말소기준등기
우선변제권 · 우선변제권의 구분 · 최우선변제권
선순위와 후순위

권리분석

변화하는 세계의 희생자가 되지 않으려면 무엇보다 훌륭한 레버리지 (leverage)를 개발해야 한다. 그것은 바로 마인드(mind)다. 부자가 되고 또 한 그 부를 유지하고 싶다면, 당신의 인생과 투자에 대한 마인드가 그 모 든 것 중 가장 훌륭한 레버리지가 되어야 한다.

- 기요사키와 트럼프의 『부자』에서

경매에서 사람들이 가장 힘들어 하는 부분이 대략 세 가지인데, 첫 째는 '권리분석', 둘째는 '적절한 입찰가 쓰기', 셋째는 '명도' 이다.

경매의 입문은, '권리분석 하는 것'부터 시작된다. 권리분석은, 경매로 나온 물건에 법률적으로 얽혀 있는 권리들에 대해 분석하는 것이다. 이 권리들을 분석함으로써 낙찰받은 자, 즉 매수자가 소유권을 가지는데 제약이 있는지, 추가로 비용이 발생할 수 있는 권리들이 있는지 등을 미리 파악해 볼 수 있다.

'적절한 입찰가 쓰기'에서는 시세조사를 제대로 파악하는 것이 무엇보다 중요하다. 단순히 부동산중개업소에서 얻을 수 있는 정보만 신뢰해서는 안 되며, 다양한 곳에서 관련된 많은 정보를 얻는다면, 입찰가를 쓸 때 기준이 되기 때문에 유리한 고지에 설 수 있다. 감정가에서 수익성을 따지지 말고 현재 거래되는 가격에 중점을 두어야 한다. 필자의 입찰가 기준은 매매가가 아니라 전·월세가이다.

'명도'는 처음 낙찰받는 투자자가 가장 힘들어하는 부분이다. '권리분석'과 '입찰가 쓰기'는 결국 '자신과의 싸움'이지만 '명도'는 타인과의 심리전이라서 더욱더 그렇다. 하지만, 명도에도 반드시 타협점과 해결점을 찾을 수 있다는 믿음이 있다면 생각보다는 그리 어렵지 않게 명도를 할 수 있다.

권리분석을 잘못하였을 경우 보증금을 포기해야 하거나 또는 낙찰받은 물건 때문에 오랫동안 심적으로 고생할 수도 있다.

그런데 복잡한 권리분석을 잘할 수 있다면, 남들이 꺼리는 물건에 도전하여 높은 수익을 거둘 기회도 더 많이 가질 수 있다. 처음에는 어렵지만 알면 알수록 재미가 있는 것이 바로 이 '권리분석'이다.

요즘은 이전보다는 덜하지만 여전히 많은 사람이 경매로 부동산을 매수하는 것은 위험하다고 생각한다. 경매로 넘어갈 수밖에 없었던 문제들을 고스란히 떠안아야 한다고 생각하는 것이다. 하지만, 경매로 부동산을 매수하는 것은, 매매로 구입하는 것보다 훨씬 더 안전할 수도 있다. 대부분의 문제점이 경매를 통해 걸러져 깨끗해지기 때문이다. 일일이 직접 할 필요 없이 법원에서 등기부등본상의 여러 권리를 '인수되는 권리들'만 제외하고는 모두 다 지워준다. 즉, 등기부등본이 깨끗해진다.

권리분석의 대상이 되는 것은 '건물'이다. 토지는 권리분석이 아니라, 물건분석을 한다. 그래서 권리분석이라 함은, '건물'에 살고 있는 '사람들에 대한 분석'이라고도 할 수 있다. 여기서 모든 사람이 대상이 되는 것이 아니라, 매수자와 직접적인 이해관계에 있는 임차인의 분석을 말한다.

임차인도 '말소기준권리'에 따라, '대항력이 있는 임차인'과 '대항력이 없는 임차인'으로 나누어진다. 그래서 무엇보다도 중요한 것이, '임차인의 대항력과 확정일자를 제대로 파악하는 것'과 '말소기준권리를 알아내는 것'이다. 자, 그럼 임차인의 대항력과 말소기준등기에 대해 자세히 살펴보자.

■ 권리분석 : 낙찰 후 떠안아야 하는 권리나 임차인의 보증금이 있는지 분석하는 것

대항력과 말소기준등기

대항력

대항력이란 무엇인가? 한마디로 제3자에게 대항할 수 있는 권원을 가지는 것이다. '대항력'은 임차인이 주민등록 전입한 익일(다음 날)부터 효력이 생기게 되고, 말소기준등기 설정일보다 먼저 '주민등록 전입'과 '점유의 요건'을 갖추었다면, 매수자가 임차보증금을 반환받을 때까지 대항할 수(계속 점유할 수) 있는 권리를 일컫는다.

말소기준등기

그렇다면, 여기서 말하는 '말소기준등기'는 무엇일까? 권리분석을 하려면, 이 '말소기준등기'부터 알아야 한다. 이 말소기준등기에 따라 매수자가 임차인의 보증금을 떠안게 될 것인지, 혹은 말소되지 않고 떠안게 되는 권리들이 있는지 알 수 있다. 말소기준을 잘못 잡았을 경우, 큰 손해를 볼 수도 있으므로 유의해야 한다.

하지만, 큰 걱정은 하지 않아도 된다. 어느 정도 공부를 하고 나면, '척' 하니 알게 되는 것도 이 '말소기준등기'이다.

'말소기준등기'가 될 수 있는 것은, (근)저당권등기, 압류등기, 가압류등기, 담보가등기, (강제)경매개시결정등기 등이다. 이 중에서 설정일자가 가장 빠른 등기 하나만 찾으면 된다.

이 '말소기준등기'보다 먼저 전입신고를 하고 점유를 한 임차인은 대항력을 가지며, 이 기준등기보다 늦은 날짜에 전입신고를 하고 점유를 한 임차인은 대항력을 가지지 못한다. 그리고 효력은 전입신고 한 다음 날 0시부터라는 사실을 꼭 기억하자.

말소기준등기보다 후에 설정된 등기는 매각(경락)되면 소멸한다.

'말소기준등기'보다 이후에 설정되었어도 절대 '소멸'하지 않고 '인수'되는 것들이 몇 개 있다. 이것을 파악하지 못하고 입찰했다가는 큰 낭패를 보게 될 수도 있다. 이후에 별도로 설명하겠지만, 공부하고 나면 그리 어려운 것이 아니니 너무 걱정할 필요는 없다. (5부 120쪽, 6부 132쪽 참고)

- 임차인의 대항력 요건 : **전입과 점유**
- 대항력 : **말소기준등기 이전에 전입과 점유**

유의사항

- 말소기준등기가 될 수 있는 것은 (근)저당권등기, 압류등기, 가압류등기, 담보가등기, (강제)경매개시결정등기가 있지만 예외적으로 전세권등기가 말소기준등기가 될 때도 있음에 유의하자.

- 토지와 건물의 말소기준권리가 상이한 경우 : **토지와 건물에 근저당권이 설정되어** 있다가 구건물이 멸실되어 건물의 근저당권은 소멸되고 토지의 근저당권만 남아 있을 때, 신축된 건물과 함께 토지와 일괄경매가 진행된다면, 토지와 건물의 말소기준권리가 상이하다. 이때 임차인의 대항력은 건물의 말소기준등기를 기준으로 잡는다.

우선변제권

당신은 그저 알라딘의 램프를 문지르면 된다. 그러면 놀라운 마법이 시작될 것이다.

— 박수진

우선변제권

우선변제권은 일반적인 임대차 관계에서는 발생하지 않고 경매 또는 공매 때 나오는 이야기이다. 경매로 거주하던 주택이 매각되면 임대차 관계는 소멸하고, 이때 임차인이 후순위 권리자들보다 먼저 자신의 보증금에 대하여 우선하여 변제받을 수 있는 권리를 말한다.

'우선변제권'의 요건은 대항력의 요구 조건인 '주택의 점유'와 '전입(주민등록)'뿐만 아니라, '확정일자'를 꼭 갖추고 있어야 한다. 대항력 요건은 배당요구의 종기(경매법원에서 배당을 받을 자격이 있는 이해관계자에게 배당요구를 하라고 지정한 날짜)까지 유지하고 있어야 한다. 그렇지 않으면 우선변제권을 행사할 수가 없고, 대항력 또한 상실하게 된다. 하지만, 대항력 요건과 확정일자를 경매개시결정등기 이후에 갖추어도 우선변제권을 가진다. 소액임차인의 '최우선변제권'에서는 확정일자가 없어도 된다.

그리고 소액임차인은 '경매개시결정등기' 전까지 대항력의 조건을 유지하고 있어야 한다는 것도 우선변제권과 다르다. (즉, 소액임차인은 경매개시결정등기일 이전에 전입과 점유를 해야 최우선변제권을 인정받는다.)

■ 대항력의 요건 : 점유 + 전입
■ 우선변제의 요건 : 점유 + 전입 + 확정일자

정리
■ 확정일자 임차인
경매개시결정등기 후에 점유와 전입의 요건을 갖추어도 우선변제권이 있다.

■ 소액임차인
경매개시결정등기 전까지 점유와 전입의 요건을 갖추어야 최우선변제권을 인정받을 수 있다.

확정일자

확정일자란 당사자가 나중에 변경하는 것을 방지하기 위해 마련되었다. 어떤 증서를, 작성한 일자에 대해 완전한 증거가 될 수 있도록 법률적으로 인정되는 일자를 가리킨다.

임대차계약서 작성시 주택임대차보호법에서 확정일자 갖출 것을 요구하고 있다. 그 이유는 나중에 임대인과 임차인이 임대차계약서 작성일자 변경하는 것을 막기 위해서다. 확정일자로 인정되는 것은 다음과 같다.

- 공증인 사무소에서 작성한 임대차계약서의 공정증서
- 임대차계약서에 대한 사서증서의 인증
- 동사무소, 법원, 등기소의 공무원으로부터 받은 확정일자
- 전세권설정등기를 한 경우(등기필증에 찍힌 등기관의 접수인은 첨부된 등기원인 계약서에 대하여 민법부칙 제3조 제4항 후단에 의한 확정일자에 해당한다. 대법원 2002.11.8. 선고 2001다51725 판결 참조)

보통은 부동산중개업소에서 임대인, 임차인, 중개인과 함께 작성한 뒤 받은 임대차계약서를 가지고, 동사무소에 가서 전입신고를 하면서 동시에 확정일자를 받는다. 그런데 이것이 귀찮아서 바로 확정일자를 받지 않고 미루거나, 아예 받지 않는 사람도 있다. 임차한 부동산에 권리문제가 생길 만약의 경우를 대비해서라도 임차인이라

면, 누구나 선순위 요건(전입, 점유 등)을 갖추기 위해 꼭 필요한 '확정일자'를 반드시 받아야 한다. 계약서가 아니더라도 공정증서대장 등으로도 입증할 수 있다.

특히, 확정일자를 받은 계약서를 분실했을 경우는 확정일자를 입증할 수 없게 되므로 잘 보관해야 한다.

'경매'에서 확정일자를 따지는 이유는, 확정일자를 갖춘 임차인은 후순위 권리자들보다 우선하여 보증금을 변제받을 권리가 있기 때문이다. 이것은 배당절차에서 확정일자를 갖춘 임차인을 담보물권자와 유사한 지위를 갖는다고 보기 때문이다.

임차인은, 전입과 확정일자가 말소기준등기 설정일보다 빠르면, 배당에서 먼저 변제받고, 임차인이 배당받지 못한 금액분에 대해서는 매수자가 떠안아야 한다. 임차인의 전입과 확정일자가 말소기준등기 설정일자보다 늦으면 '배당에 참여'하여 순위에 따라 배당받게 된다. 이때 임차인이 배당받지 못한 금액분에 대해서 매수자가 인수할 필요가 없다.

그런데 확정일자를 갖추지 못한 임차인은 배당에 참여할 수조차 없게 된다(소액임차인 예외).

말소기준등기 설정일보다 먼저 전입신고를 하고, 확정일자를 받지 않은 임차인은 배당에 참여할 수 없지만, 대항력이 있으므로 매수인이 이 보증금을 모두 떠안아야 한다. 임차인은 보증금을 다 돌려받을 때까지 집을 비워줄 필요가 없다.

하지만, 여기서 중요한 점이 하나 더 있는데 아무리 '확정일자'를 갖추고 있어도 '배당요구의 종기'까지 배당요구를 하지 않으면, 배당에 참여할 수가 없다. 그러므로 임차인이 배당요구를 했는지도 꼭 확인해야 한다. 단, 임차권등기를 한 임차인이 강제경매를 신청한 경우, 후순위 전세권자는 따로 배당신청을 하지 않아도 순위에 따라 배당받을 수 있다.

다음 내용을 통해 우선변제권에 대해 좀 더 자세히 살펴보자.

1. 임차인이 우선변제 받으려면 확정일자를 갖추고 배당요구의 종기까지 배당요구를 해야 한다.
2. 소액임차인은 확정일자가 없어도 배당요구를 하면 최우선변제를 받을 수 있다.
3. 따로 배당요구를 하지 않아도 되는 임차인은 다음과 같다.
   - 임차권등기를 한 임차인
   - 임차인이 강제경매신청을 한 경우
   - 후순위 전세권자

유의사항
■ 배당요구의 종기는 민사소송법 사건(2002.7.1 이전 사건)으로 진행할 때와 민사집행법(2002.7.1 이후 사건)으로 진행할 때와 다르다. 민사소송법 사건은 배당요구의 종기는 매각기일이고, 민사집행법 사건은 배당요구의 종기는 첫 매각기일 이전으로 정한다.

우선변제권의 구분

임차인의 우선변제권의 발생시점은 어떻게 구분하는가?

간략히 세 가지 경우로 볼 수 있다.

첫째, 점유 + 전입(2003.2.22) + 확정일자(2003.2.22)이라고 하자. 즉, 모두 같은 날이면, 우선변제권은 2003년 2월 23일이 된다. 왜냐고 고개를 갸우뚱한다면, 전입의 효력은 그 다음 날(2월 23일) 0시부터이기 때문이다. 그래서 확정일자를 22일 날 받았다고 하더라도 23일이 되는 것이다.

둘째, 점유 + 전입(2003.2.21) + 확정일자(2003.2.22)이라고 하자. 이때는 우선변제권을 2003년 2월 22일이다.

셋째, 점유 + 전입(2003.2.23) + 확정일자(2003.2.22)이라고 하자.

즉, 임차인이 전입 전에 확정일자부터 받은 것이다. 우선변제권 발생시점은 2003년 2월 24일이다. 전입 날 익일(다음 날) 0시부터로 봐야 한다.

간단하게 말하면, '대항력 요건이 갖추어진 날짜'와 '확정일자를 받은 날짜' 중 늦은 날로 본다. 만약 전입날짜가 확정일자보다 늦다면 전입 날 다음 날 0시부터 '우선변제권'이 발생한다.

주민등록을 이전하였다가 재전입한 경우는 어떻게 되는가?

주민등록을 이전한 순간 '대항력'을 상실하게 된다. 그리고 다시 전입한 날짜로 대항력과 우선변제권을 따지게 된다. 그러나 확정일자는 처음 받은 것을 인정받게 된다. 즉, 다시 받지 않아도 된다. 예를 들어보자.

김갑동

전입(2003.2.22) + 확정일자(2003.2.22)
→ 우선변제권 발생시점 : 2003년 2월 23일 00시

주민등록 이전(2003.6.22)
→ 대항력 상실

재전입(2003.9.22) + 확정일자(받지 않음. 처음 확정일자 받은 것 인정)
→ 대항력 다시 취득
→ 우선변제권 발생시점 : 2003년 9월 23일 00시

보증금을 증액하였을 경우는?

> 임차인 김갑동
>
> 전입 + 확정일자(2004.2.23) (4,500만 원)
>
> 근저당설정(2004.2.25) (1억 원)
>
> 임차인 김갑동(2006.2.23) (1,000만 원 증액)

김갑동은 5,500만 원으로 자신의 대항력을 주장할 수 없다. 그러나 임차인 김갑동이 보증금을 증액시 '확정일자'를 받고, 매각대금에서 근저당권자의 배당 후 남는 금액이 있다면, 다른 후순위의 채권자나 임차인들보다 먼저 우선변제를 받을 수가 있다.

하지만, 증액부분에 대한 확정일자를 다시 받아 두지 않았을 경우는 그 부분에 대한 변제를 받을 수가 없다.

> ■몇 번 더 읽고 질문하기!
> 1. 초기 4,500만 원으로는 대항력 주장이 가능한가?
> 2. 증액 후 계약서를 다시 써야 하는가?
> 3. 전입신고는 다시 하지 않아도 되는가?
>
> → 1. 가능
>   2. 증액할 경우 재계약서를 쓰는 것이 좋다. 종전 계약서도 보관하고 재계약서에 다시 확정일자를 받아두는 것이 좋다.
>   * 이때 증액분에 대한 계약서는 일반 임대차계약서가 아니어도 무방하다. 정확한 해당 부동산의 표시와 당사자, 증액금액, 날짜 등을 기재한 서류에 확정일자를 받아두면 된다.
>   3. 다시 안 해도 됨 : 유지됨

배당요구

우선변제를 받기 위해서는 배당요구를 하지 않아도 '배당을 받을 수 있는 채권자'에 속하는 경우를 제외하고는 배당요구의 종기까지 반드시 배당요구를 해야 한다. (경우에 따라서는 배당요구의 종기가 연기될 수도 있다.)

임차권등기를 한 임차인과 강제경매를 신청한 임차인은 배당요구를 하지 않아도 자동으로 배당이 된다.

■ 배당요구를 하지 않아도 되는 채권자
압류, 가압류, 경매기입등기 전에 설정된 (근)저당, 주택 및 상가임차권등기를 마친 임차인

■ 배당요구의 종기까지 반드시 배당요구를 해야 할 채권자
국세 등의 교부청구권자(증여세, 취득세, 상속세), 경매개시결정기입등기 이후의 가압류 채권자, 집행력 있는 정본을 가진 채권자, 민법, 상법 등의 법률에 의하여 우선변제 청구권이 있는 채권자
(확정일자를 갖춘 임차인, 소액임차인이 여기에 속한다.)

정리
■ 임차인의 우선변제권은 '확정일자'가 있어야 인정받는다.
(예외 : 소액임차인은 확정일자가 없어도 배당에 참여할 수 있다.)

■ 우선변제를 받기 위해서는 배당요구의 종기까지 배당요구를 해야 한다. 여기에는 소액임차인도 속한다.
(예외 : 임차권등기를 한 임차인, 강제경매를 신청한 임차인은 배당요구를 하지 않아도 배당에 참여할 수 있다.)

우선변제 받는 대상

- '건물'과 '대지'가 함께 경매가 진행될 경우 임차인은 건물과 대지의 환가대금에서도 우선변제 받는다.

- 건물과 대지가 따로 경매가 진행되어도 우선변제권을 가진 임차인은 각 절차에 참여하여 우선변제 받을 수 있다.

- 대지만 경매가 진행될 경우:

  건물이 있는 대지에 저당권이 대지에 한해서만 설정되어 경매가 진행되어도 임차인은 대지의 환가대금에서 우선변제를 받을 수 있다.

기타 유의사항

■ 대지에만 저당권이 설정된 후 그 지상에 신축된 주택을 임차한 경우

대지에 신축된 건물이 있는 상태에서 대지에만 저당권이 설정되었을 경우, 임차인은 대지의 환가대금에서 최우선변제 및 우선변제를 받을 수 있다. 하지만, 건물이 없던 상태에서 대지만 저당권이 설정된 경우, 저당권자에게 우선권이 있다.

이럴 경우, 대지의 저당권 설정일자가 대부분의 임차인보다 빠르므로 대지의 저당권 범위는 건물에도 미치지 못하기 때문에 배당받지 못한 임차금은 그대로 건물 부문에서 대항력을 갖는다.(대법원 1997.8.22 선고 96다53628 판결) 토지와 건물의 일괄경매에도 마찬가지이다. 그리고 대지에만 저당권이 설정된 주택인 경우, 대항력 요건을 갖춘 임차인은 대항력을 가지지만 대지만 경매가 되어 건물이 철거될 경우 보호받지 못할 수도 있음을 알아두어야 한다.

최우선변제권

최우선변제권이란 임차한 주택의 경매나 공매시 임차인은 자신의 보증금액이 일정한 소액에 속하면, 주택 매각대금의 2분의 1 범위 내에서 다른 선순위 권리자보다 우선하여 변제받을 수 있는 권리를 말한다. 소액임차인의 범위와 배당액은 등기부등본상의 최초 담보물권 설정일자를 기준으로 정해진다.

최우선변제의 요건

- 주택의 점유와 전입(경매개시결정등기 전)을 하면 이것을 두고 '대항력 또는 대항력 요건을 갖춘다.'라고 말한다.
- 보증금이 주택임대차보호법시행령에 따른 금액에 속해야 한다.
- 배당요구의 종기까지 배당요구를 해야 한다.
- '말소기준권리'보다 후순위일지라도 먼저 변제받는다.

- 임차인들의 소액보증금 합계가, 대지를 포함한 주택가액(낙찰가)의 2분의 1을 초과하지 않아야 한다. 초과할 경우 2분의 1 가격에서 배당금을 나누게 된다.
- 확정일자와는 무관하다.
- 주택에 임차권등기가 설정된 이후에 전입한 소액임차인의 최우선변제권은 인정되지 않는다. 확정일자를 갖추고 있다면 순위에 따라 우선변제 받을 수 있다.

소액임차인의 최우선변제액

담보물권 설정일과 지역에 따라 보증금 범위가 달라진다. 다음 표를 참고하도록 한다.

담보물권 설정일	지역구분	계약금액 범위	최우선변제액
1984.1.1 ~1987.11.30	특별시, 광역시(군지역 제외) 기타지역*	300만 원 이하 200만 원 이하	300만 원 이하 200만 원 이하
1987.12.1 ~1990.2.18	특별시, 광역시(군지역 제외) 기타지역	500만 원 이하 400만 원 이하	500만 원 이하 400만 원 이하
1990.2.19 ~1995.10.18	특별시, 광역시(군지역 제외) 기타지역	2,000만 원 이하 1,500만 원 이하	700만 원 이하 500만 원 이하
1995.10.19 ~2001.9.14	특별시, 광역시(군지역 제외) 기타지역	3,000만 원 이하 2,000만 원 이하	1,200만 원 이하 800만 원 이하

2001.9.15	수도권과밀억제권역** 광역시(군지역과 인천광역시 제외) 기타지역	4,000만 원 이하 3,500만 원 이하 3,000만 원 이하	1,600만 원 이하 1,400만 원 이하 1,200만 원 이하
2008. 8.21 (개정안)	수도권과밀억제권역 광역시(군지역과 인천광역시 제외) 기타지역	6,000만 원 이하 5,000만 원 이하 4,000만 원 이하	2,000만 원 이하 1,700만 원 이하 1,400만 원 이하

기타지역*이란?

용인시 · 안산시 등의 지역을 말한다.

수도권과밀억제권역**이란?

서울특별시 · 인천광역시(강화군, 옹진군, 중구 운남동 · 운북동 · 운서동 · 중산동 · 남북동 · 덕교동 · 을왕동 · 무의동, 서구 검단동, 연수구 송도매립지(인천광역시장이 송도신시가지 조성을 위하여 1990년 11월 12일 송도앞공 유수면매립공사면허를 받은 지역), 남동유치지역을 제외한다.) · 의정부시 · 구리시 · 남양주시(호평동, 평내동, 금곡동, 양정동, 지금동, 도농동에 한한다.) · 하남시 · 고양시 · 수원시 · 안양 · 성남시 · 과천시 · 광명시 · 부천시 · 의왕시 · 군포시 · 시흥시(반월특수지역을 제외) 등의 지역을 말한다.

'대항력'과 '우선변제권' 그리고 '최우선변제권'의 비교

구분	개념	요건	권리
대항력	보증금 전액을 돌려받을 때까지 계속 점유할 수 있는 권리	말소기준권리보다 먼저 주택의 점유 + 주민등록 전입	보증금액 전부를 매수자에게 대항할(요구) 수 있다.
우선 변제권	순위에 따라 변제받을 수 있는 권리	주택의 점유 + 주민등록 전입 + 확정일자 (점유와 전입이 경매개시기입등기 이후라도 인정을 받는다.)	보증금 전액에 대하여 순위에 의해 우선변제 받게 된다.
최우선 변제권	소액보증금 중 일정액을 선순위 권리자보다 우선하여 변제받을 수 있는 권리	주택의 점유 + 주민등록 전입 (확정일자는 요건 조건이 아니다. 단, 경매개시기입등기 전에 점유와 전입의 요건을 갖추어야 인정받을 수 있다.	보증금 중 일정액을 최우선변제 받는다.

42

> ■ 소액임차인의 판단 기준일을 담보물권 설정일이라고 한다. 소액임차인의 판단은 저당권 설정일을 기준으로 하지만 저당권이 설정되어 있지 않으면 가압류나 압류를 기준으로 한다. 또한, 저당권설정일이 가압류보다 늦어도 저당권이 소액임차인의 판단 기준일로 본다는 견해와 담보물권이 없다면 경매개시결정기입등기를 소액임차인의 판단 기준일로 본다는 견해가 있는데 실무에서는 법원마다 적용하는 것이 다르다.

최우선변제금을 노린 가장임차인

종종 최우선변제금을 받으려고 위장으로 전입하는 임차인들이 있다.

경매신청을 한 채권자가 채권회수를 상당 부분 하지 못하는 경우 가장임차인에 대해 배당배제신청을 하기도 한다. 임차인에 대해 배당배제신청이 있으면, 매수자로서는 애매한 입장이 되게 된다.

왜냐하면, 명도는 매수자의 몫이기 때문이다. 한 푼의 배당도 받지 못하는 임차인은 터무니없는 이사비를 요구하기도 하고, 명도시 큰 저항을 하기도 한다. 그래서 매수자들은 알면서도 그들이 될 수 있으면 배당금을 받아가도록 눈감아 주는 것이다.

참고로 가장임차인으로 판명이 나면 형법 제315조의 '위계의 방법에 의한 경매방해죄'로 처벌받을 수 있다.

부동산을 낙찰받으면 이해관계인이 되어 법원 서류를 볼 수 있게 된다. 이때 꼭 임차인의 임대차계약서를 꼼꼼히 보아 두길 바란다.

명도할 때 쓸 수 있는 칼자루를 쥐게 되는 경우가 생길 수 있기 때문이다. 가장임차인의 임대차계약서는 해당 지역 부동산중개업소의 계약서가 아닌 타 지역의 부동산중개업소 주소를 가진 계약서일 때가 있다. 이때는 부동산중개업자와 짠 가장임차인일 가능성이 크다.

이런 가장임차인임에도 불구하고 매수자에게 터무니없는 이사비를 요구하는 경우가 종종 있다.

가장임차인이라는 의심이 되면, 앞의 형법 조항(제315조)을 들어 형사처벌을 받을 수 있다고 알리는 것도 도움이 될 것이다.

선순위와 후순위

나는 생각을 하는 주체이자 동시에 내가 한 생각이 나를 만든다. 그래서 내가 용기를 갖고 나를 믿으며 도전하면 실제로 나는 원하는 결과를 얻어내게 된다. 반면, 내가 스스로를 의심하고 우왕좌왕하면 실제로도 나는 아무것도 얻지 못할 것이다.   - 박종하

경매를 통해 채무변제를 하려고 할 때, 채권자가 한 명이면 변제하는 방법에 있어 별문제가 없지만 채권자와 임차인이 여러 명일 경우 변제를 어떤 순서로 해야 하는지 하는 문제가 생긴다.

이때 앞선 순위를 '선순위', 뒤에 오는 순위를 '후순위'로 민법에서는 순위를 정해 놓았다. 그래서 일반적으로 선순위 권리자가 먼저 채무액에 대해 변제를 받고, 잔액이 있을 경우 그 다음 후순위 권리자가, 그리고 차례로 후순위 권리자가 변제를 받는다.

'선순위가 되는 권리'와 '후순위가 되는 권리'를 알기 위해 우선

'물권'과 '채권'이라는 개념을 알아야 한다. 왜냐하면, 여러 권리 중에 어떤 권리들은 물권에 속하고, 어떤 권리들은 채권에 속하는데 물권이냐 채권이냐 따라, 배당의 배분방법이 달라지기 때문이다.

물권

물권이란 특정한 물건을 직접 절대적·배타적으로 지배할 수 있는 권리, 즉 사용·수익·처분 등을 할 수 있는 권리로 '우선변제권의 효력'이 있다. 물권에는 소유권, 점유권, 용익물권, 담보물권 등이 있다. 용익물권에는 전세권·지상권·지역권 등이 여기에 속하고, 담보물권에는 유치권·질권·저당권 등이 속한다.

물권의 종류
- 소유권 : 소유자가 소유물을 사용·수익·처분할 수 있는 권리
- 점유권 : 물건을 사실상 지배하는 권리, 소유권과 관계없음
- 용익물권
  - 전세권 _ 타인의 부동산에 전세금을 지급하고 사용·수익하는 권리
  - 지상권 _ 타인의 토지에 건물, 기타의 공작물, 수목 등을 소유하기 위해 해당 토지를 사용할 수 있는 권리
  - 지역권 _ 어떠한 목적을 위해 타인의 토지를 자기토지의 편익에 이용하는 권리
- 담보물권
  - 유치권 _ 어떤 물건에 관하여 생긴 채무를 변제받을 때까지 그 물건에 점유·유치할 수 있는 권리
  - 질권 _ 채권자가 채무자에게 물건을 유치한 후 채무의 변제가 없으면, 그 물건으로부터 우선변제를 받을 수 있는 권리. 유치권과 유사하지만 우선변제 효력이 있다는 것은 유치권보다 더 강력한 권리라고도 할 수 있다.

- 저당권 _ 채무자가 담보로 제공한 담보물을 직접 지배하지 않고 있다가 채무변제가 없을 때 그 담보물로부터 우선변제를 받는 권리
  - 기타물권 : 관습법상의 법정지상권, 관습법상의 분묘기지권

채권

채권이란 특정인이 다른 특정인의 행위를 청구할 수 있는 권리를 말한다. 특정인에 대한 권리만 주장할 수 있어 상대적이며, 독점적인 권리는 주장할 수 없어 채권자평등주의로 비배타적이다. 즉, 우선변제권이 없다.

권리순위

물권과 채권에 있어 물권이 선순위가 되고, 채권은 후순위가 된다. 이것을 가르켜 물권우선주의라고 한다.

같은 물권 사이에서는 시간적으로(더 구체적으로 말하면 등기접수번호 순서를 말한다.) 우선순위를 따지게 되고, 채권 사이에서는 평등배당을 한다. 그 이유는 물권은 '등기를 하는 권리'이므로 시간 순위대로 우선하는 권리를 알 수 있지만, 등기제도가 없는 채권은 객관적으로 인식할 수 있는 권리가 아니므로 똑같은 순위로 보고 평등배당을 한다.

다시 한 번 정리해보면, ❶ 물권끼리는 시간 순서이다. ❷ 물권과 채권 사이는 물권이 우선한다. ❸ 채권끼리는 공평하다. 그래서 평등배당을 한다. ❹ 물권과 물권적 채권도 시간 순서이다.

하지만, 채권인데도 물권보다 우선할 때가 있는데 두 가지 경우가 있다.

채권인데도 물권보다 우선하는 2가지 경우

■ 첫째, 주택임대차계약서상에 확정일자를 받았을 경우

확정일자를 받았다는 것은, 채권의 물권화로 물권의 성격을 갖게 된다는 것이다. 확정일자는 우선변제권의 효력이 있다. 그래서 이후에 오는 물권보다 우선하게 된다. 이때 임차인은 확정일자뿐만 아니라, 대항력 요건(점유 + 전입)을 갖추고 있어야 한다.

■ 둘째, 국세기본법상 조세채권 경우

이것도 또한 채권이지만 후순위에 오는 물권보다 우선한다.

＊ 위의 두 가지 경우는 다른 채권과 달리 날짜로 순위를 확인할 수 있다.

참조

채권이 물권에 우선하는 경우를 네 가지로 보는 경우

1. 대항력을 갖춘 임차권
2. 가등기를 한 경우
3. 근로자의 임금채권
4. 소액임차인의 보증금(최우선변제권)

하지만, 순위에 상관없이 항상 선순위를 가지는 것들이 있는데 이런 순위를 '최선순위'라고 한다. 이들은 다른 채권보다 항상 최선순위가 된다. 다음 순서대로 최선순위가 된다.

- 경매비용
- 경매목적 부동산에 소요된 필요비와 유지비
- 주택임대차보호법상의 소액보증금

권리순위와 예외적인 경우에 따라 배당이 정해지므로 이 순위를 잘 알아야 매수자가 후에 떠안아야 할 인수금액 등을 예상할 수 있다.

그래서 다시 배당순위로 정리해보자.

배당순위
- ■ 0순위(비용에 대한 변제)
  - 경매 진행에 소요되는 비용
  - 경매 목적 부동산에 소요된 필요비와 유익비
- ■ 1순위(최우선변제)
  - 임대차보호법에 의해 보호받는 소액임차인의 일정분 보증금
  - 근로기준법에 따른 최우선변제 임금채권
- ■ 2순위(최우선변제) : 당해세에 해당하는 국세와 지방세
- ■ 3순위(시간적 순서에 따른 우선변제)
  - 확정일자를 갖춘 임차인의 보증금
  - 당해세 이외의 조세
  - 전세권 · 저당권 · 담보가등기와 같은 담보물권에 의한 채권
- ■ 4순위(우선변제) : 일반 임금채권(최우선변제 임금채권과 구분)

- 5순위(우선변제) : 물권보다 늦은 조세채권(국가 또는 지방자치단체가 징수하는 조세)
- 6순위(우선변제) : 국민연금보험료, 의료보험료, 산업재해보상보험료
- 7순위(보통변제) : 일반채권, 확정일자를 갖추지 않은 임차인의 보증금

경매투자시 이 배당순위가 의외로 중요하다!

경매정보지에 나오는 배당표를 100% 다 믿지 않는 것이 좋다. 그 중 가장 큰 골칫거리는 '당해세'이다. 압류가 되어 있지 않다면, 당해세가 밀려있을 수도 있는 것을 알 수도 없고, 정확한 금액도 낙찰을 받고 나서야 알 수 있어 경매투자자에게는 애로사항이 많아진다. 당해세 부분이나 임금채권을 간과하고 입찰했다가는 대항력 있는 임차인의 보증금을 생각했던 금액보다 더 많이 떠안게 되는 경우도 발생할 수 있기 때문이다.

Part 2

누구나 반드시
알아야 하는
주택·상가건물임대차보호법

주택임대차보호법 · 주택임대차보호법상의 대항력
주택임대차보호법의 주요 사항들 1, 2, 3
상가건물임대차보호법 · 상가건물임대차보호법상의 주요 사항들

주택임대차보호법

경매의 장·단점

장점 : 경매는 빠르고 즐겁고 교육적이다. 여러분은 경매가로부터 시장 가격을 배울 것이고, 거래 과정을 통해 알게 된 사람들로부터 다른 부동산 정보를 얻을 수 있다. 만일 주의를 기울인다면 만족할 만한 거래를 얻어낼 수 있다.

단점 : 흥미진진함과는 달리 많은 부동산이 실제 가격보다 훨씬 높게 판매된다. 감정적으로 거래하지 마라. 냉정을 잃지 않는 것이 중요하다.

― 『백만장자의 부동산 투자비밀』에서

경매에 입문하면 시간을 투자해서 공부해야 하는 부분이 '민사집행법'과 '임대차보호법'이다. 이 부분에 대한 공부가 선행이 되어야 더 심도 있는 공부를 계속할 수 있다. 하지만, 여러 가지 법률 공부에 지쳐 관두기 십상이다. 처음에는 생소한 법률 용어가

쉽게 머리에 들어오지 않기 때문이다.

남들 못지않게 많은 책을 읽는다고 자부하던 필자도 처음에는 정말 힘들었다. 말 그대로 허벅지를 꼬집어 가며, 나 자신을 채찍질해야 했다.

이제는 좀 알 것은 같은데 계속 이해가 되지 않아 몇 번이고, 여러 다른 책을 보아가며 공부를 해야 했다. 그제야 조금씩 머리에 들어오던 각종 법률 용어들. 지금은 정말 별것 아닌 것들이 그때는 어찌나 어렵던지. 그래서 될 수 있으면 이해하기 쉽게 설명하고자 노력을 했다. 초보 단계로 볼 수 있는 이 부분에 대한 공부를 쉽게 할 수 있기를 바라며 본론으로 들어가 보자.

'주택임대차보호법'은 1981년 3월 5일에 주택소유자보다 상대적으로 약자의 입장에 있는 임차인들을 보호하기 위하여 국민 주거생활의 안전을 도모한다는 취지에서 제정된 특별법이다.

이 법이 제정되기 전에는 주택 소유자들의 횡포가 심해도 약자인 임차인들은 그저 당하기만 할 때가 많았다. 비로소 이 법이 제정됨으로써 임차인들의 권리가 많이 향상되었다. 하지만, 아직까지도 보완해야 할 부분이 많다.

예를 들어 자신이 힘들게 모은 전세보증금인데 최우선변제금액에 상당하는 금액이 아니라는 이유로, 한 푼의 보증금도 건질 수 없다는 것은 형평성에 문제가 있다.

보증금액이 천만 원대의 소액임차인들은 최우선변제금을 받을 수 있는데 4천만 원 이상(2008.8.21 이후 법개정으로 6천만 원 이하 보증금액이면, 2천만 원까지 보호받을 수 있다.)이면 최우선변제금을 받을 수 없다는 것은, 필자의 견해로는 정말 형평성에 맞지 않다는 생각이다.

그리고 학교에서조차 가르쳐주지 않는 임대차 법규들을 (우리가 일상생활에 늘 접하고 살면서도) 알지 못하는 사람들은 언제나 위험에 직면하면서 살고 있는 셈이다. 알아서 자신의 권리를 찾는 사람에게만 혜택이 돌아가고, 몰라서 (아니 그것들을 알아야 한다는 것을 그 누구도 가르쳐주지 않는 상태에서) 당하는 것은 모두 모르는 자의 책임으로만 돌리기에는 제도적으로 문제점이 있다고 본다.

주택임대차보호법상의 대항력

　권리분석을 할 때는 임차인들의 '대항력의 유무'를 반드시 따져야 한다. 그렇다면, 주택임대차보호법상에서는 대항력을 어떻게 정하고 있는 걸까? 앞서도 내용상 간단히 언급했는데, 여기서는 좀 더 자세히 살펴보고 넘어가자.

　선순위 권리(근저당권, 가압류, 압류 등)가 없는 주택에,

　임차인이 주택을 인도(점유)받고,

　주민등록(전입)을 마치면,

　그 다음 날부터 주택의 소유자가 변경되더라도 주택임차인은 임차보증금 전액을 반환받을 때까지 새로운 매수인에게 집을 비워줄 필요가 없다.

　대항력은 '확정일자'와 '등기'와는 무관하지만 대항력을 주장하

기 위해서는 반드시 '입주(점유)'와 '주민등록 전입신고'라는 대항력 요건을 갖추어야 제3자에게 대항할 수 있다.

'주민등록(전입)을 마치면, 그 다음 날부터'라는 것은, 대항력의 발생시점을 전입신고 다음 날 0시부터가 된다는 것이다.

그리고 '대항력'과 '우선변제'의 요건은 다르다. 임차인이 전입과 점유를 하고 있으면 대항력 요건을 갖춘 것이며, 확정일자까지 갖추고 있으면 우선변제 요건까지도 갖추게 된다.

만약 확정일자를 갖추지 못한 대항력 있는 임차인은 배당에는 참여할 수 없고(소액임차인 예외) 새로운 매수인에게 임차보증금 전액을 받을 때까지 계속 점유할 권리만 가지게 된다.

주택임대차보호법의 주요 사항들 1

열심히 일해서 돈을 모으는 사람들은 종종 투자는 위험한 것이라고 생각한다. 어떤 것이 위험하다고 생각하는 사람들은 종종 새로운 것을 배우는 것도 피하려 한다. 그래서 그들은 동전의 다른 쪽 면을 제대로 보지 못한다.

- 『부자 아빠의 투자 가이드』에서

주택임대차보호법 적용 범위

주택임대차보호법은 주거용 건물(이하 "주택"이라 한다.)의 전부 또는 일부의 임대차(賃貸借)에 관하여 적용한다. 그 임차주택의 일부가 주거 외의 목적으로 사용되는 경우에도 또한 같다. (주택임대차보호법 제2조(적용 범위))

주거용 건물이냐를 구분하는 것은 등기부, 건축물관리대장, 가옥대장에 따르는 것이 아니다. 용도가 실제로 어떻게 사용되느냐에 따른다. 그리고 임대차계약 체결 당시의 실제 용도에 따라 판단한다. 만약 중간에 임대인의 동의를 받아 개조했다면 개조한 날로부터 인정을 받는다.

작은 점포나 식당을 보면 사람들이 거주하는 경우가 있는데 이것을 상가건물로 볼 것이냐, 주거용 건물로 볼 것인가를 따지는 데 있어 원래는 대부분의 용도가 상가로 사용된다면 비주거용 건물로 보아야 한다. 하지만, 만약 거주하고 있는 사람들이 다른 주택을 소유하거나 임차하지 않고 그곳에서 잠을 자고 자녀가 통학을 하고 있다면, 주거용으로 간주한다. 그래서 이와 같은 상가건물도 경우에 따라 주택임대차보호법에 따라 임차인들은 보호를 받는다.

주택임대차보호법에 적용되는 건물

1. 등기된 건물
2. 업무용 건물 등 비주거용 건물을 구조나 용도 변경해서 실제 주거로 사용하고 있는 건물
3. 미등기 건물과 무허가 건물
4. 옥탑방 등 불법 건축물
5. 가건물

주택을 임차한 사람이 외국인인 경우

외국인이 입국한 날로부터 90일을 초과하여 국내에 체류하게 되

면 외국인 등록을 해야 하고 체류지에 전입신고를 해야 한다고 출입국관리법 제31조 및 제36조에서 명시하고 있다.

주민등록법시행령에 따르면 출입국관리법에 의한 외국인등록을 한 경우 주민등록을 갖춘 것으로 보아 대항력을 갖춘 것으로 보고, 보호를 받는다는 견해다.

판례로 짚어 보면, 다음과 같다.

〔…주민등록법에서 위임된 사항과 그 시행에 필요한 사항을 규정함을 목적으로 하여 제정된 주민등록법시행령 제6조에서 외국인의 주민등록에 관한 신고는 출입국관리법에 의한 거류신고로서 갈음하며, 외국인의 주민등록표는 출입국관리법에 의한 외국인등록표로서 갈음한다고 규정하고 있으므로, 외국인인 원고로서는 위와 같이 출입국관리법에 의한 거류지변경신고를 함으로써 거래의 안전을 위하여 임차권의 존재를 제3자가 명백히 인식할 수 있는 공시의 방법으로 마련된 주택임대차보호법 제3조의2, 제3조 제1항 소정의 주민등록을 마쳤다고 볼 것이다.
외국인이 주택을 임차하여 출입국관리법에 의한 체류지 변경 신고를 하였다면 거래의 안전을 위하여 임차권의 존재를 제3자가 명백히 인식할 수 있는 공시의 방법으로 마련된 주택임대차보호법 제3조 제1항 소정의 주민등록을 마쳤다고 보아야 한다.〕

(서울지법 1993.12.16. 93가합 73367)

임차인이 법인인 경우

법인은 주민등록을 자신의 명의로 할 수 없고 비록 직원 명의로 주민등록을 마쳤다고 하더라도 법인이 주민등록을 마친 것으로 인정하지 않아 주택임대차보호법에 의해 보호받을 수 없다. 하지만, 상가건물임대차보호법에 의해 법인은 보호를 받는다.

무허가/미등기 건물의 임차인

주택임대차보호법의 보호를 받을 수 있는 건물은 그것이 주택으로 인정될 수 있는 경우에 미등기된 건물, 무허가 건물, 가건물, 준공필증을 받지 못한 건물 등이 있다.

이와 같은 건물의 임차인이 주택임대차보호법에 의해 보호받으려면 주민등록전입신고를 반드시 해야 한다.

실제 이런 건물에 주민등록전입신고가 불가능하므로 임대차계약서에 확정일자를 받아 두면 경매로 매각되었을 경우 보증금을 변제받을 수 있다.

임대차계약서를 작성할 때 임대인이 실제 건물주인가를 반드시 확인해야 한다. 건물주의 확인은 '건축물관리대장'을 보면 된다.

공부상 용도가 공장으로 되어 있는 건물을 주택으로 사용하고 있는 임차인

공부상 용도가 공장으로 되어 있다 하더라도 실제 주택으로 사용하고 있다면, 주택임대차보호법에 보호를 받을 수 있다. 단, 전입신고가 되어 있어야만 한다.

옥탑방과 같이 불법으로 개조한 건물의 임차인

옥탑방은 불법 건축물로 간주하고 있으며 철거 대상이다. 하지만, 이런 옥탑방을 임차하는 임차인들은 주택임대차보호법의 보호를 받을 수 있다.

임대 당시 비주거용 건물이었던 것을 주거용으로 개조한 임차인

주택임대차보호법의 기준은 임대차계약을 할 당시로 보고 있다. 계약 당시 영업용인 건물을 사용하다 주거용으로 개조해서 살게 된다면 보호를 받을 수가 없다. 하지만, 임대인의 승낙을 받아 주거용으로 개조하였다면 승낙을 받고 개조한 날로부터 주택임대차보호법의 적용을 받게 된다.

전입신고를 잘못한 임차인

의외로 종종 보게 되는 경우다. 주민등록전입신고는 등기부등본상의 주소로 하는 것이 가장 바람직하다. 그러나 임대인이 불러주는 주소에 오류가 있거나 지번 등을 잘못 기재하게 되었을 경우 주택임대차보호법에 의해 보호를 받을 수 없다.

잘못 기재된 것을 발견하고 정정신고를 하면 보호받을 수 있지만 대항력과 우선변제를 요구할 수 있는 시점은 이 정정한 날로부터 본다. 구체적으로 더 이야기해보자면 직원의 실수나 시·군·구에서 토지구획 등이 완료되었을 때 직권으로 임차인의 주소가 변경(특수주소변경)이 되었다면 임차인의 전 전입일은 존속되는 것으로 보나, 임차인 본인의 실수나 건축주가 잘못 명시한 경우는 정정한 날로부터 전입일이 인정된다.

세대원 일부만 전입신고 한 임차인

비록 부득이한 사정으로 본래 임차인의 전입신고가 되어 있지 않고 가족만 전입신고가 되어 있다 하더라도 주택임대차보호법의 보호를 받는다.

공무원의 잘못으로 주민등록전입신고가 잘못 기재된 경우

담당공무원의 잘못으로 지번 등이 잘못 기재되었다면, 주택임대차보호법의 보호를 받을 수 있다. 단, 담당공무원의 잘못이라는 것을 증명할 수 있어야 한다.

다세대주택의 동호수를 기재하지 않고 전입신고 한 임차인

전입신고는 반드시 동, 호수, 지번 등이 정확하게 표시되어 제3자가 인식할 정도여야 한다. 동, 호수의 기재가 되지 않았거나 올바르게 되어 있지 않아, 제3자가 인식할 수 없다면 주택임대차보호법의 적용을 받을 수 없다.

■ 세대합가

세대합가는 세대구성원 중 세대주가 가족과 함께 주민등록 전입신고를 하지 못하고 있다가 후에 세대에 합류한 경우를 일컫는다. 세대합가가 되면 세대주가 변경되고, 주민등록이 새롭게 작성이 된다.

이때 임차인의 대항력 기준은 지금 세대주의 전입일로 보는 것이 아니라, 세대원 중 가장 먼저 전입한 사람의 전입일로 본다는 것에 유의해야 한다.

주택임대차보호법의 주요 사항들 2

임대보증금의 증액

임대차계약 후 또는 임대보증금을 증액한 후라면 임대인은 다시 연 5% 이상 인상할 수 없다. 한번 보증금을 증액하였다면 1년 이내에 다시 증액하는 것도 금지되어 있다. 그런데 임대보증금 인상분에 대해서 우선변제를 받을 수 있을까?

증액분은 처음 임차보증금과 합친 금액으로 계산하지 않는다. 증액분에 대해 임대차계약서에 확정일자를 받아두었다면, 그 날짜에 맞추어 순위를 따져 배당받을 수가 있다.

임대차계약의 갱신

임대차계약을 할 때 임대차 기간을 2년 미만으로 정할 수도 있으며 임차인이 원한다면 그 기간을 2년으로 요구할 수도 있다. 임대차계약 만료는 임대인은 6개월에서 1개월 전까지 임차인에게 통지를 해야 하고, 임차인은 1개월 전에 구두나 서면으로 통지를 해야 한다.

만약, 어떤 사실 통지가 서로 간에 이루어지지 않았다면, 기간의 정함이 없이 종전의 계약과 같은 조건으로 임대차계약이 된 것으로 본다. 이것을 묵시적 갱신이라고 한다.

임대차 기간의 정함이 없는 계약은 임차인이 언제든지 계약해지를 요구할 수 있으며, 이와 같은 경우는 통지 후 3개월 후부터 효력이 생긴다. 임대차 기간이 정함이 없다 하더라도 그 기간은 2년으로 보고, 임차인은 이를 임대인에게 요구할 수 있다. (주택임대차보호법 제6조)

그러나 '묵시적 갱신'으로 이루어진 상가, 오피스텔 등 주택 이외의 주택에 대한 임대차 기간은 임대인이 해지할 경우는 6개월 이후부터 효력이 발생하고, 임차인이 계약해지를 원할 경우는 통지한 날로부터 1개월이 지나면 효력이 발생한다.

전차인

종전의 임차인이 이사 가면서 이후에 전입하는 임차인에게 자신의 전입일자를 승계할 수 있을까?

대항력을 갖춘 주택 임차인이 임대인의 동의를 얻어 적법하게 임차권을 양도하거나 전대한 경우에 있어 양수인이나 전차인이 임차인의 주민등록퇴거일로부터 주민등록법상의 전입신고기간 내 (14일 이내)에 전입신고를 마치면 대항력을 유지한다고 본다. (대법원 1988.4.25. 선고 87다카2509 판결)

이렇게 대항력 있는 종전의 임차인(전대인)의 전입일자를 승계받은 임차인(전차인)은 종전 전입일자로 대항력을 인정받게 된다. 그런데 소액임차인으로서의 최우선변제권에서는 주의해야 한다. 종전 임차인의 보증금액이 소액에 해당하지 않는다면, 전입신고를 승계받은 임차인의 보증금액이 소액이라 하더라도 최우선변제권이 인정되지 않기 때문이다.

미성년자 임차인

해당 부동산에 실제 거주자가 미성년자이고 임대차계약은 다른 곳에 살고 있는 부모님 등에 의해 체결되었다 하더라도 이 미성년자는 임대차보호법에 의해 보호받을 수 있다. 이렇게 부모가 대신 임대차 체결을 한 자를 '점유보조자'라고 한다. 즉, 부모가 미성년자 임차인을 통해 점유하고 있는 셈이다.

보증금액의 감액

보증금액이 소액보증금액에 해당하지 않아 보증금 모두를 잃게 되는 경우가 있다. 그래서 감액에 대해서 고려해 볼 수 있는데 임대인의 합의가 있고, '경매신청기입등기'가 경료되지 않은 시점에서 감액이 이루어졌다면, 감액한 보증금으로 간주 받을 수 있고 최우선변제권이 인정된다.

공유지분의 주택 임차인

한 부동산에 여러 사람의 명의로 되어 있는 공유주택을 임차해서 살고 있는 임차인에 대해 살펴보자.

- 임대차를 체결할 때 공유자 중 과반수 이상과 계약을 맺어야 대항력을 인정받을 수 있다.
- 계약이 체결되지 않은 공유자 지분에 대해서는 임차인은 우선변제를 받을 수 없다.
- 공동소유자 모두에게 계약을 체결하였다면, 그 공동소유자 모두에게 보증금 반환을 요구할 수 있다.

명의신탁자와 임대차계약을 한 임차인

등기부상의 명의로 되어 있는 소유자가 아니어도 임대차계약을 할 수 있는 권한을 가진 명의 신탁자와 계약을 체결하여도 임차인은 주택임대차보호법에 의해 보호받을 수 있다.

배당요구의 종기까지 배당요구를 하지 않은 임차인

• 선순위 저당권보다 앞선 대항력을 갖춘 임차인 :

매수자가 임차인의 보증금을 반환해 줄 때까지 집을 비워 주지 않아도 된다. 그러나 배당요구를 하지 않았으므로 배당에서는 제외된다.

• 선순위 저당권이 임차인보다 앞선 경우 :

배당요구의 종기까지 배당요구를 하지 않았을 경우 배당에서 제외된다. 그것은 소액의 경우도 마찬가지이다. 소액임차인에 대한 최우선변제권을 인정받기 위해서는 '점유'와 '전입신고' 그리고 '배당요구'이다. 이때 확정일자는 무관하다. 선순위 저당권이 있을 때 임차인이 배당요구의 종기까지 배당요구를 하지 않아서 배당받지 못한 임차보증금에 대해 매수자는 인수할 필요가 없다.

주의

1. 확정일자도 갖춘 후순위 임차인이 매각대금에서 자신에게 배당될 수 있음에도 배당요구를 하지 않았을까?

   → 이런 경우는 임대인이 고의로 우편물 등을 치워 임차인이 미처 배당할 시기에 배당을 못 하게 된 경우이다. 설마 하겠지만 이런 일도 있다.

2. 후순위 임차인이 보증금액이 많은데도 불구하고 배당요구를 하지 않았다면 '세대합가'도 염두에 둘 필요가 있다. 이때는 임차인의 보증금을 인수하게 된다.

해당 부동산을 낙찰받은 임차인

임차인이 배당신청을 하였고, 전부 또는 일정액을 배당받을 수 있는 이런 임차인이 해당 부동산을 낙찰받으면 자신의 배당금액과 낙찰대금을 상계할 수 있다. 낙찰금액이 1억 원이고, 자신이 받을 배당금액이 8,000만 원이면, 나머지 2,000만 원에 해당하는 금액을 낙찰잔금으로 내면 된다. 법원에서는 이런 상계신청이 있으면 배당기일과 잔금납부기일을 같은 날로 정하고는 한다.

확정일자는 언제까지 갖추어야 우선변제권을 인정받을까?

우선변제권은 확정일자를 갖추어야 인정된다. 확정일자를 받아 두는 시기는 빠르면 빠를수록 좋다. 왜냐하면, 확정일자에 따라 우선순위를 따져 배당을 해주기 때문이다. 하지만, 확정일자는 경매신청기입등기가 경료된 후라도 인정받을 수 있다.

주택임대차보호법의 주요 사항들 3

한 부동산에 상이한 말소기준권리가 있다고 하는데 무엇이며 그때 임차인의 대항력 유무는?

기존에 존재하던 건물이 멸실되면 건물에 설정된 근저당권도 함께 소멸된다. 그래서 토지에 대해서만 근저당권이 남아있다가 새롭게 신축된 건물이 있을 경우이다.

토지의 근저당권자가 경매를 신청할 때, 위와 같은 경우면 건물과 함께 일괄경매신청을 할 수도 있다. 이때, 토지와 건물의 말소기준권리가 다르다.

예)
- 집합건물의 등기부등본 : 경매개시결정기입등기 (1996.2.3)
  (신축된 건물에 어떤 권리도 없다가 경매가 진행되면 경매개시결정기입등기가 설정된다.)
- 토지등기부등본 : 토지저당 (1994.3.4) (6,000만 원)
- 임차인 홍길동 : 전입 (1995.12.23) (4,000만 원)

앞의 예와 같다면 집합건물의 말소기준은 1996년 2월 3일이 되고 토지말소기준은 1994년 3월 4일로 본다. 하지만, 임차인 홍길동의 대항력은 집합건물의 말소기준권리로 본다. 그래서 홍길동은 건물에 대하여 대항력을 가지게 된다.

유의
구건물이 멸실되어 토지만 경매신청된 경우, 임차인은 토지의 매각대금에서도 최우선변제금을 받을 수 있지만 건물이 근저당권설정 당시 존재했어야 한다.
만약, 건물이 후에 지어졌다면 소액임차인은 토지의 매각대금에서 최우선변제 받을 수 없다.

선순위(대항력 있는) 임차인이 있을 경우 계약해지 송달이 되었는지 확인해야 한다

선순위 임차인이 확정일자를 갖추고 배당요구를 하였다고 하더라도 임대인에게 계약해지 통보가 되었는지 송달여부를 확인해 보아야 한다.

계약만료가 안 된 선순위 임차인은 임대인에게 계약해지통보를 해야 하는데 임대인에게 송달이 되지 않은 경우는 경매배당절차에서 우선변제권 행사를 할 수 없다.

세대합가인 경우 더 자세히 살펴보자

동사무소에 가서 전입세대열람을 해보아도 세대합가가 된 것을 알아내기가 그리 쉬운 편은 아니다. 그래서 알아두면 좋을 주민등록법시행규칙〈출처 : 법제처〉이 있다.

제14조 (주민등록전입세대의 열람) ① 열람 또는 등·초본 교부기관의 장은 다음 각 호의 어느 하나에 해당하는 경우로서 별지 제15호서식에 따라 전입세대 열람을 신청한 자에게는 해당 물건소재지에 주민등록이 되어 있는 세대주와 동일 세대별 주민등록표 상의 동거인(말소된 사람을 포함한다.)의 성명과 전입일자만 열람하게 할 수 있다. 다만, 동일 세대별 주민등록표 상의 세대원이 세대주보다 전입일자가 빠른 경우에는 그 세대원의 성명과 전입일자를 열람하게 할 수 있다. 〈개정 2008.12.17〉
1. 법 제29조 제2항 제2호에 따라 경매참가자가 경매에 참가하기 위하여 신청하는 경우

임차인이 아니라는 각서를 썼다?

말소기준권리보다 먼저 전입한 점유자가 있다. 그런데 본인은 진짜 임차인이며 임대인의 부탁으로 저당권설정 당시 임차인이 아니라는 각서를 써준 것이지 실제론 임차보증금을 내고 살고 있는 임차인이라는 주장을 한다. 이때 입찰자는 어떻게 대응할 것인가?

'대법원 1997.6.27. 선고 97더1211 판결'에 따르면 임대차 사실을 부인하고 확인서를 써준 임차인은 '금반언 및 신의칙'에 위반되므로 배당요구를 할 수 없다고 한다. 즉, 자신은 대항력을 갖춘 임차인이 아니며 임차보증금에 대한 권리를 주장하지 않겠다는 각서를 쓴 것이기 때문이다. 하지만, 실무에서는 실제 임차보증금을 건넨 임차인이라면 대항력을 인정해 주는 경우가 있으므로 이런 임차인이 있을 경우 유의해서 입찰을 해야 할 것이다.

소유자의 배우자도 주택임대차보호를 받나요?

간혹 소유자와 채무자가 다른 부동산이 나온다. 낙찰받는데는 아무런 지장이 없지만 이럴 경우는 유의해야 한다. 소유자의 배우자는 이혼한 경우 이외의 독립된 재산관계로 보지 않는다면 임차인으로 보지 않는다. 하지만, 채무자의 배우자가 임차인으로 신고가 되어 있고 실제 임차인이라면 주택임대차보호를 받는다.

선순위 임차인이 배당요구를 철회할 수 있나?

대항력 있는 선순위 임차인이 배당요구를 하였다가 이를 철회하였다 하더라도 대항력을 가진다. 하지만, 배당요구에 따라 매수인이 인수하여야 할 부담이 바뀌는 경우는 배당요구를 한 채권자는 배당요구의 종기가 지난 후에 이를 철회하지 못하도록 하고 있다.

선순위 근저당이 소멸하여 후순위에 있던 임차인이 대항력을 갖출 경우 (대위변제)

말소기준권리가 되는 선순위 근저당의 금액이 적거나, 또는 선순위 근저당권자가 경매신청을 하지 않고 후순위 근저당권자가 경매신청을 한 경우라면 반드시 선순위 근저당에 대해 유의를 해야 한다. 첫째 선순위 근저당의 금액이 적으면 후순위 임차인이 그 금액을 변제(대위변제)하고 선순위 지위를 가질 수 있다.

만약 입찰 전 대위변제가 되었다면(그래서 입찰 전, 잔금 치르기 전, 등기촉탁하기 전 꼭 등기부등본을 확인해 보아야 하는 것이 이 이유 때문이다.) 이를 간과하고 낙찰을 받으면 매수자는 임차인이 배당받지 못하는 금액에 대해서는 모두 떠안아야 한다.

그런데 낙찰 후 매각대금 지급기일 이전에 대위변제 되거나, 다른 이유로 근저당권이 소멸되어 인수해야 할 임차인이나 권리가 발생하게 되었다면 매수자는 권리변동의 사유에 의한 매각허가결정취소 신청을 할 수 있다.

임차인이 배당요구를 하고 중간에 이사를 갔다?

전입과 점유는 우선변제권 취득시에만 구비하면 족한 것이 아니라 배당요구의 종기까지 계속 존속하고 있어야 대항력 또는 우선변제권이 인정된다고 한다. '대법원 2000다61466 판결' 참조. (여기서 배당요구의 종기는 민사소송법은 매각기일(최종적 매각기일)이고 민사집행법은 첫 매각기일 이전이다.) 하지만, 임차인이 알아두어야 할 부분은 만약 낙찰허가결정이 취소되어 재경매를 할 경우 배당요구의 종기는 낙찰허가결정을 한 마지막 배당요구의 종기로 보기 때문에 임차인은 대항력을 상실할 수도 있다.

상가건물임대차보호법

상가임대차보호법은 2002년 11월 1일부터 시행되었다. 상가임대
차보호법은 주택임대차보호법과 큰 차이점은 없다.

상가임대차보호법의 적용범위를 먼저 살펴보자. 주택임대차보호
법은 무허가 건물이나 미등기 건물에도 상관없이 주거용 주택에 살
고 있는 대부분의 임차인에게 적용된다. 그러나 상가임대차보호법
은 사업자등록을 갖춘 일정한 보증금액 이하의 상가건물의 임차인
에게만 적용된다.

> **(2008.8.21 이전) 보증금액의 한도**
> 1. 서울특별시 : 2억 4,000만 원 이하
> 2. 수도권과밀억제권역 : 1억 9,000만 원 이하
> 3. 광역시(인천시, 광역시 내의 군지역 제외) : 1억 5,000만 원 이하
> 4. 그 밖의 지역 : 1억 4,000만 원 이하

주의사항

주택임대차에서는 월 차임(借賃)에 대해서는 보증금으로 적용시키지 않지만, 상가임
대차에는 월 차임도 환산해서 보증금액으로 포함한다.

서울특별시에서 합산금액이 2억 6,000만 원이 넘는다면, 상가임대차보호법에 의해
보호받을 수 없다. 그리고 보증금을 월세로 전환할 때는 산정률의 15% 이상으로 정할
수 없다. (2008.8.21 이전은 2억 4,000만 원이다.)

환산방법

(월 차임 × 100) + 보증금 = 보증금 합산금액

소액임차인의 보증금액

소액임차인에 해당하여 최우선변제권을 인정받기 위해서는 상가
임차인의 보증금액도 일정한 금액 이하이어야 한다.

1. 서울특별시 지역 : 4,500만 원 이하 ➡ 1,350만 원까지 변제

2. 수도권과밀억제권역지역 : 3,900만 원 이하 ➡ 1,170만 원까지 변제

3. 광역시(인천시, 광역시 내의 군지역 제외) : 3,000만 원 이하 ➡ 900만 원까지 변제

4. 기타지역 : 2,500만 원 이하 ➡ 750만 원까지 변제

상가임대차 대항력 요건

상가 임차인은 전입신고 대신 건물의 점유와 사업자등록을 하면 대항력을 갖추게 된다. 대항력은 사업자등록을 신청한 다음 날 0시부터 생긴다. 그러나 이 대항력은 2002년 11월 1일 이후에 설정된 담보권에 실행된 경매에 대하여 효력이 있고, 만약 이전에 설정된 담보권 실행으로 경매가 진행되었을 경우에는 효력이 없다. (2002.11.1 이전에 담보권이 설정된 상가이면 상가임대차보호법에 의해 보호받을 수 없다.)

상가임대차 대항력 요건
1. 건물의 점유와 사업자등록신청 (익일 0시부터)
2. 확정일자와 무관
3. 필요한 서류 : 사업허가증 사본, 법인등기부등본, 임대차계약서 사본, 건물도면 등
4. 부가가치세법 시행령 제7조 제3항에 따르면 사업자등록의 처리기간은 7일, 만약 신청이 14일 후에 신청이 반려되면 대항력을 잃는다. 그래서 대항력은 사업자등록증을 교부받은 다음 날부터 인정된다.
5. 상가건물임대차보호법 시행일인 2002년 11월 1일 이전에 이미 대항력 요건을 갖춘 상가임차인이라도 대항력 취득일을 2002년 11월 1일부터로 본다.

상가임대차 우선변제권 요건

대항력의 요건을 갖추고 임대차계약서에 관할세무서장으로부터 확정일자를 받으면 후순위 권리보다 먼저 변제받을 수 있는 우선변제권을 인정받게 된다. 확정일자는 관할세무서 민원실에서 신청하면 된다.

최우선변제권의 요건은 다음과 같다.

첫째, 경매개시결정등기 전에 점유와 사업자등록을 갖추어야 하고,

둘째, 보증금이 소액보증금액 한도에 속해야 하고,

셋째는 배당요구의 종기까지 배당요구를 해야 한다.

상가임대차계약 기간

주택임대차계약 기간은 2년으로 보지만 상가임대차계약기간은 1년으로 본다. 계약갱신을 할 때는 최장 5년까지 임대차계약을 할 수 있다. 계약갱신 요구는 계약 만료 전 6개월에서 1개월 사이에 해야 하고, 임대인은 임차인의 요구를 정당한 사유 없이는 거절할 수 없다.

임대인이 주장할 수 있는 정당한 사유

1. 임차인이 3회에 걸쳐 임대료를 연체하였을 경우
2. 임대인 동의 없이 제3자에게 세를 주었을 경우
3. 임차인이 건물을 파손했을 경우
4. 건물이 일부나 전부가 멸실되어 더 이상 임대를 할 수 없는 경우
5. 임차인과 임대인 간의 합의가 있었을 경우
6. 계약과 다른 허위나 부정으로 건물을 사용하는 경우
7. 건물의 철거나 재건축을 할 경우

상가건물임대차보호법의 주요 사항들

상가건물임차인의 최단계약기간

주택임대차의 최단존속기간은 2년이다. 하지만, 상가임대차의 최단존속기간은 1년이다. 임대인은 1년 미만을 주장할 수 없고, 상가임차인은 1년 기간 미만을 주장할 수 있다. 하지만, 상가임대차는 최대 5년간의 계약갱신요구권(1년 단위로 계약을 한다면 4번을 갱신할 수 있는 셈이다.)이 보장되어 실제적으론 5년간의 임대차기간을 보장받는 셈이다.

상가임차인의 소액임차인의 우선변제권

상가임차인이 소액임차인의 최우선변제권을 행사하기 위해서는 대항요건을 매각기일까지 구비하고 일정금액 이하여야만 보호받는다.

임차권등기명령신청

주택임차인의 임차권등기에 대한 부분에서 더 자세히 다룰 것이므로 여기서는 간략히 정리해보기로 한다.

임차권등기명령신청은 임대인의 동의 없이도 임차인이 단독으로 신청할 수 있는 제도이다. 상가건물임대차보호법 제6조에 따르면 임차인은 임차권등기명령신청 및 등기와 관련하여 소요된 비용을 임대인에게 청구할 수 있다.

임차인은 임차권등기가 등기부에 설정된 것을 확인하고 나서 사업장을 옮기거나 휴·폐업을 해야 한다. 그리고 임차권등기가 경료된 건물을 그 이후에 임차한 임차인은 소액임차인의 최우선변제권을 행사할 수 없다.

건축 중인 상가건물을 임차한 임차인의 대항력

건축 중인 건물이라도 사업자등록을 마친 경우라면 대항력을 인정받는다. 하지만, 주의해야 할 것은 완공 후 건축에 대한 표시가 달라진다면 대항력을 인정받지 못할 수도 있다.

계약갱신

주택은 묵시적 갱신의 횟수에 제한이 없다. 하지만, 계약갱신요구권은 없다. 상가는 계약갱신요구권이 있으며 기간 만료 전 6개월에서 1개월 사이에 계약갱신을 임대기간 5년을 초과하지 않는 범위에서 요구할 수 있다.

묵시적 갱신

임대인은 계약 만료 전 6개월부터 1개월까지 사이에 임차인에게 갱신거절 통지를 하지 않을 경우 기간이 만료가 되면 전 임대차와 동일한 조건으로 다시 임대차계약을 한 것으로 본다.

이 경우 임차인은 언제든지 임대인에게 계약해지 통보를 할 수 있고, 임대인이 통고받은 날로부터 3개월이 경과하면 그 효력이 발생한다.

Part 3

한눈에 보이는
경매진행 방식

경매진행은 어떻게 되나?
입찰표 작성방법
차순위매수신고 및 매각허가

경매진행은 어떻게 되나?

'주택임대차보호법'과 '상가건물임대차보호법' 그리고 '배당'에 관해서는 경매물건에 입찰하고자 하는 사람들은 반드시 숙지하고 있어야 하지만, 경매진행 방식은 이해하는 정도만 되어도 된다. 그러나 '입찰표 쓰기'와 '매각물건명세서' 부분은 아주 중요하므로 입찰하기 전에, 반드시 '입찰표 쓰는 연습'을 여러 번 해보고, '매각물건명세서'에는 어떤 정보들을 담고 있는지 잘 숙지하도록 한다.

'입찰표 쓰기'를 사람들이 대수롭지 않게 생각하는데 막상 현장에서는 가장 애먹는 것 중 하나다. 숫자 하나를 잘못 써서 또는 '입찰금액'과 '보증금액'란을 바꿔 써서 좋은 기회를 잃는 경우도 종종 있기 때문이다.

경매는 '강제경매'와 '임의경매' 두 가지가 있는데, 사실 그 절차에 있어서는 차이점이 별로 없다.

강제경매는 집행력 있는 정본이 존재하는 경우에 한하여 국가의 강제집행권의 실행으로서 실시된다. 즉, 강제경매에는 공신적 효과가 있다. 강제경매는 채무자 또는 소유자의 부동산을 압류한 뒤 부동산을 매각하여 그 매각대금으로 채권자의 금전채권의 만족을 얻고자 하는 강제 집행절차이다. 이것은 판결문에 의하여 실시된다.

보통 강제경매는 금전채권의 실현을 위한 것이라는 정도만 알아 두면 된다.

임의경매는 근저당권, 담보가등기 등의 담보권 실행을 말한다. 담보목적물을 채권자 신청에 의하여 국가가 부동산을 강제적으로 매각하는 것이다. 이때 근저당권설정을 증명할 수 있는 서류를 첨부해야 한다.

포인트
■ 원래 경매신청 권한이 없는 채권자가 판결문을 받아서 경매신청을 하면 '강제경매', 원래부터 경매신청 권한이 있는 채권자가 경매신청을 하면 '임의경매'라 한다.

■ 강제경매 : 절차상의 문제로만 매각불허가 사유
■ 임의경매 : 담보권의 부존재·무효 등의 실체상 문제도 매각불허가 사유. 단, 처음에 존재하던 담보권에 의해 경매가 진행되다 소멸된 경우는 매각대금을 납부하면 소유권 취득

자, 그럼 경매 진행이 어떻게 이루어지는지 다음 내용들을 통해 자세히 살펴보도록 하자.

경매(매각)신청

2002년 7월 1일 이전의 민사소송법에서는 '경매'라고 부르고, 2002년 7월 1일 이후의 민사집행법에서는 '경매매각'이라고 부른다. 또한, 낙찰자에서 매수자로 바뀌었다. 다음 표를 통해 혼란스러울 수 있는 용어들을 살펴보면 좀 더 쉽게 이해할 수 있다.

민사집행법상의 용어	경매 용어	구 민사소송법의 용어
매각명령	경매명령	입찰 명령
매수인	경락자	낙찰자
매각기일	경매기일	입찰기일
최고가매수신고인	최고가매수신고인	최고가입찰신고인
매각 허부 결정	경락 허부 결정	낙찰 허부 결정
차순위매수신고인	차순위매수신고인	차순위입찰신고인

'경매신청'이 있기 전에 매각되는 대상이 있게 마련인데, '매각 대상'이 되는 것은 '토지' 및 '건물' 그리고 '부동산과 동일시되는 권리'도 포함한다.

매각 대상으로는 토지, 건물, 소유권보존등기된 입목, 공장재단, 광업재단, 어업권, 광업권, 선박, 자동차, 중기, 항공기, 지상권 등이 있다.

'경매신청' 방법

1. 신청지 : 부동산소재지의 지방법원에서 신청
2. 신청방식 : 경매신청서를 작성한 다음 첨부서류와 함께 관할 집행법원에 제출
3. 경매신청서 작성요령 : 신청서를 작성하고 기명날인
   - 채권자와 채무자의 성명과 주소
   - 집행법원의 표시
   - 부동산의 표시 : 부동산등기부(등본)의 주소를 기재하는 것이 좋다.
   - 변제받고자 하는 일정한 채권과 그 청구액 전액 : 후에 채권계산서의 제출로 청구액 확장을 허용하고 있지 않으며, 별도의 배당요구에 의해 확장된 부분은 청구해야 한다.
   - 집행할 수 있는 일정한 채무 명의

'경매신청' 첨부서류

- 채무명의의 채권의 존재를 증명할 수 있는 근저당권, 전세권설정계약서 및 집행권원
- 강제집행개시의 요건이 구비되었음을 증명하는 서류
- 부동산 등기부등본(또는 대신할 수 있는 서류)
- 부동산목록 30통
- 집행권원의 송달 증명
- 등록세와 지방교육세를 납부한 영수필통지서 1통 및 영수필확인서 1통
- 경매수수료 예납 : 송달료, 현황조사료, 감정료, 집행관 수수료, 신문공고료 등의 비용

경매개시결정

'경매신청'이 접수되면 법원은 신청서의 기재 및 첨부서류에 대하여 형식적인 심사를 한 후, 신청이 적법하다고 인정되면 강제/임의 경매개시결정을 한다.

경매개시결정기입등기의 '촉탁'

법원에서 경매개시결정이 내려지면, 그 사유를 등기관에게 등기부에 기입할 것을 직권으로 촉탁하게 된다. 이 촉탁에 의하여 등기관은 등기부에 '경매개시결정기입등기'를 하는 것이다.

경매개시결정문의 송달

경매개시결정정본을 채무자에게 송달하는 이유는 채무자에 대한 개시결정의 송달은 경매절차 진행의 적법유효조건으로 되어 있기 때문이다.

이때 반드시 경매개시결정 정본이 송달되어야 한다. 송달되지 않을 경우 경매를 진행할 수 없다.

배당요구종기결정 및 공고

송달이 되면 인터넷 대법원 홈페이지(http://www.scourt.go.kr)에 공고를 한다.

민사집행법 이후, 집행법원은 절차에 필요한 기간을 감안하여 배당요구 할 수 있는 종기를 첫 매각기일 이전으로 정하여 공고한다. 압류의 효력이 생긴 때부터 1주일 이내다.

배당요구종기결정의 취지는 매수하고자 하는 이가 응찰

하기 전에 미리 인수하게 될 권리여부를 알 수 있도록 하는
것이다.

현황조사

법원은 경매개시 결정을 한 후 집행관에게 부동산의 현황, 점유관
계, 임대차 보증금의 액수와 기타 다른 현황에 관하여 조사할 것을
명한다.

현황조사에서 파악된 임차인에 대하여 즉시 배당요구의 종기까지
권리신고 및 배당요구 할 것을 통지해야 한다.

공과를 주관하는 공무소에 대한 최고 (관공서에 통지)

법원은 목적 부동산에 관한 국세 및 지방세의 체납 유무와 한도를
일정한 기간 내에 통지할 것을 최고하게 된다. 이것은 우선채권
의 유무, 금액을 통지받아 잉여의 가망이 있는지를 확인함
과 동시에, 조세채권자로 하여금 조세 등에 대한 교부청구의 기회
를 주기 위한 것이다. 민사집행법 사건으로 진행되는 경우 배당요구
의 종기까지 조세채권의 유무를 법원에 신고해야 배당받을 수 있다.

이해관계인에 대한 채권 신고의 최고

이는 또한 우선채권의 유무, 금액 등을 신고받아 잉여의 가망이 있는지를 확인하기 위해서이다. 민사집행법으로 진행되는 사건에서는 이해관계인들은 배당요구의 종기까지 그 채권의 유무와 금액을 신고하게 하여 배당요구의 기회를 주고 있다.

> **이해관계인들**
> 1. 압류채권자
> 2. 집행력 있는 정본에 의하여 배당을 요구한 채권자
> 3. 채무자 및 소유자
> 4. 부동산등기부에 기입된 부동산의 위의 권리자 : 전세권자, 임차권등기명령을 한 임차권자, 저당권자 등
> 5. 등기 없이도 제3자에게 대항할 수 있는 물권 또는 채권을 가진 부동산 위의 권리자 : 법정지상권자, 유치권자, 점유권자, 주택 임차인, 토지 임차인 등

부동산의 평가 및 최저매각가격의 결정

법원은 감정인으로 하여금 경매 부동산을 평가하게 하고, 그 평가액을 감안하여 최저매각가격을 정한다. 이 금액에 미달하는 응찰에 대해서는 매각이 허가되지 않는다.

매각물건명세서의 작성 그리고 비치

법원은 매각물건명세서를 작성하고, 이를 매각기일의 1주일 전까지 법원에 비치하여 일반인이 열람할 수 있도록 한다.

법원은 현황조사보고서의 사본을 매각물건명세서 및 평가서의 사본과 함께 비치하여 누구든지 볼 수 있도록 해야 한다. 또한, 매 입찰기일마다 1주일 전까지 작성, 비치해야 한다.

매각물건명세서

매각물건명세서는 인수소멸의 권리분석에 대한 판단자료가 되므로 매수 희망자 입장에서는 중요한 자료가 된다. 그러므로 만약 매각물건명세서의 작성에 대해 중대한 하자가 있을 때 매각허가에 대한 이의 및 매각허가결정에 대한 즉시항고 사유가 된다.

매각물건명세서의 기재사항

1. 부동산의 표시 : 등기기본상의 부동산표시를 그대로 기재한다. 표시와 현황이 다른 경우에 그 현황도 함께 기재하게 된다.
2. 부동산의 점유관계와 관계인의 진술 : 현황조사보고서와 감정인의 평가보고서 등에 의해 해당 부동산의 점유자와 그 점유권원(임차권, 전세권설정 등), 임대차 보증금과 임대차 기간에 관한 진술, 배당요구 여부와 그 일자, 전입신고일자 및 확정일자의 유무와 그 일자를 기재한다.
   임차인의 주민등록 전입일은 전산으로 작성된 주민등록(초)본의 변동사항란에 기재된 전입일과 변동일의 날짜 중 1994년 7월 1일 이전은 변동일이 전입신고일이 되고 그 이후는 전입일이 전입신고일이 된다.
3. 매각으로 그 효력이 소멸되지 않는 등기된 부동산에 관한 권리 또는 가처분, 저당권, 압류채권, 가압류채권에 대항할 수 있는 지상권, 지역권, 전세권 및 등기된 임차권 등을 기재한다.
4. '인수되는 유치권'은 등기된 부동산에 관한 권리가 아니다. 유치권은 '매각물건명세서'에 기재하지 않고 유치권자가 점유하고 있는 경우 점유자로 기재한다.
5. '예고등기', 물건명세서에 기재되지 않으면서 후순위에 있더라도 매수자가 인수해야 한다.
6. 가처분의 경우 내용과 집행 연월일을 기재한다. 토지소유자가 건물의 소유자를 상대로 낸 건물철거 및 토지인도 가처분일 경우 매각으로 소멸되지 않으므로 반드시 '매각물건명세서'에 기재해야 한다.

---

7. 매수인에게 대항할 수 있는 등기부에 등기된 임차권등기명령권자의 임차권 내용도 등기부에 이미 공시되어 있다 하더라도 물건명세서에 기재한다.매각으로 소멸하지 않는 최선순위 전세권은 배당요구를 하면 소멸하지만 배당요구를 하지 않으면 매수인이 인수해야 하므로 그 내용을 기재한다. (후순위 전세권자는 배당요구를 하지 않아도 배당해주고 소멸시킨다.)

8. 매각물건명세서에 최선순위 저당권 설정일자 또는 가압류등기일자를 기재하는데 이는 그 일자를 기준으로 임차인의 대항력 여부를 결정하기 때문이다. 만약, 그 일자보다 먼저 전입신고를 하고 점유하고 있는 대항력 있는 임차인이 있을 경우 매수인이 임차보증금을 인수할 경우가 있으니 주의해야 한다는 내용을 기재한다.

9. 매각으로 설정된 것으로 보는 '지상권'의 개요도 매각물건명세서에 작성한다.

실무에서 매각물건명세서 열람시 주의해서 보아야 할 부분

1. 매각으로 소멸되지 않는 권리 유무 : 만약 인수해야 하는 권리들 중 매각물건명세서에 명시되어야 하는 권리들(유치권과 예고등기 예외)이 있음에도 기재되어 있지 않다면 매각불허가 사유가 될 수 있다.

2. 임차인 현황

3. 유치권 부분은 매각물건명세서에 기재되지 않는 권리지만 간혹 유치권 신고에 대한 관련 내용이 기재되어 있곤 한다.

매각물건명세서의 정정

매각물건명세서가 잘못 기재된 내용이 있는 경우, 또는 변경사항이 있는 경우, 법원은 매각물건명세서 비치 후라도 정정이 여의치 않는 경우 그대로 매각절차를 진행하기도 하지만 직권으로 정정할 수가 있다. 하지만, 정정된 내용이 매수인에게 영향을 미치는 경우이면 매각기일을 변경하기도 한다.

매각물건명세서 사본의 비치기간 중은 무료로 열람할 수는 있지만, 사본을 복사할 수는 없다. 타인의 열람을 방해하지 않고 자비로 복사하는 것은 허용하고 있지만 실무에서 복사를 허용받은 적은 없다(필자의 경험상).

매각공고 후 매각실시

■매각장소 : 법원 안

■부동산 매각방법 : '호가경매', 매각기일에 입찰 및 개찰하게 하는 '기일입찰', 입찰 기간 내에 입찰하게 하여 매각기일에 개찰하는 '기간입찰' 세 가지 방법으로 한다. (민사집행법 제103조 제2항 참조)

■무잉여경매 : 경매신청 채권자가 경매집행 비용 이외에 채권에 대해 변제받을 금액이 없을 정도로 낮은 금액에 매각이 된 경우

■ 무잉여경매인 것 같은데 취소되지 않고 진행될 때
- 경매신청 채권자가 경매비용만이라도 변제받고자 진행시킬 경우
- 법원에서 무잉여경매임에도 매각절차가 진행되었다 하더라도 아무도 이의신청을
  하지 않을 경우
이 경우, 경매절차는 진행되고 낙찰자는 소유권을 취득한다.

경매와 공매의 차이점

항목	경매	공매
적용법률	민사집행법 (민사소송법으로 적용될 때도 있음)	국세징수법, 국세기본법
집행권원	저당권, 판결문, 공정증서 등	체납처분 행정 절차
집행기관	지방법원집행관	세무서장, 지자체장
상계신청	허용	허용 안 함
인도명령	있음	없음
공유자우선매수신고	허용	허용 안 함
차순위매수신고	허용	허용 안 함
임대차내용	공개	미공개
입찰 방식	현장, 우편입찰	인터넷
입찰보증금	최저매각가격의 10%	입찰금액의 10%
배당요구종기	매각기일 이전	배분계산서 작성 때까지
매각예정가격 감방법	전 가격의 20~30%씩	첫 공매감정가격에서 10%씩
농지취득자격증명서	매각허부결정 전까지 제출	등기촉탁신청시 제출
대금 납부기한	매각허가결정 후 보통 1개월 이내	천만 원 미만일 경우 : 매각결정일로부터 7일 이내 천만 원 이상일 경우 : 60일 이내
입찰자 제한	전 매수인 입찰 불가	입찰 가능
매수인의 보증금 포기시	배당금에 포함	국고, 지방자치단체
소액보증금최우선변제	경매개시결정기입등기일 이전까지 대항력 갖추어야 함. 그리고 배당요구의 종기까지 유지	공매공고일 이전에 대항요건 갖추고 공매결정일까지 대항력 유지해야 함

입찰표 작성방법

입찰에 필요한 '입찰표'와 '입찰봉투'는 자유롭게 사용하도록 입찰장소에 비치하여 둔다. 그러나 어떤 법원에서는 집행관이 요구하는 사람들에게만 따로 나누어주는 곳도 있다.

'입찰봉투'는 입찰보증금을 넣는 편지봉투 사이즈의 흰색봉투와 입찰표와 보증금봉투를 넣는 누런색의 큰 봉투가 있다.

입찰표에는 사건번호, 입찰자의 성명과 주소, 부동산의 표시와 물건번호, 입찰 가격, 대리인이 입찰하는 경우는 대리인의 성명과 주소, 입찰보증금액을 반드시 적어야 한다.

입찰보증금은 민사소송법사건(2002년 6월 30일까지 접수된 사건)일 경우는 입찰하고자 하는 가액의 10분의 1에 해당하는 금액이어야 하며, 민사집행법사건(2002년 7월 1일 이후 접수된 사건)일 경우는 최저가격의 10분의 1에 해당하는 가액을 보증금액으로 입찰표에 적어야 한다.

보증금액 이상으로 적은 경우는 인정을 하지만 이하일 경우는 무효처리된다.

기일입찰시 입찰방법

❶ 입찰표, 매수신청보증봉투(흰 봉투), 입찰봉투(누런 봉투)를 받는다. 또는 기재대에서 가져온다.

❷ 입찰보증금봉투에 사건번호, 물건번호, 입찰자 이름 모두 기재, 날인, 뒷면 세 곳에도 날인을 한다. 입찰봉투에는 사건번호, 물건번호, 입찰자 이름 모두 기재한다. 그러나 날인은 하지 않아도 된다. 공동입찰은 모두다 이름만 기재하고 그 외 인원수를 기재한다.

❸ 기재가 끝나면 입찰표와 보증금봉투를 누런 봉투인 입찰봉투에 넣고, 집행관에게 제출하면 집행관은 수취증과 봉투와 붙어 있는 선에 도장을 찍고 수취증을 떼어 준다.

❹ 그리고 스테이플러로 봉투를 반 접어 찝고는 다시 돌려주는데 이것을 본인이 입찰봉투 입찰함에 투입해야 한다. 수취증은 잘 보관해야 한다. 탈락시 보증금을 곧바로 돌려주는데 이때 수취증과 바꾸게 되어 있다. 수취증을 분실하면 보증금을 돌려받지 못할 수도 있으므로 잘 보관해야 한다.

❺ 한 물건에 한 입찰자가 두 개의 입찰표를 넣을 수 없다. 이럴 경

우 두 개 전부 다 무효처리가 된다.

❻ 입찰표를 제출하는 마감시간은 법원마다 조금씩 다르다. 미리 해당법원에 전화를 해서 알아두는 것도 좋다.

기간입찰시 입찰방법

보증금액을(법원의 은행계좌에) 납입한 입금표를 입찰표에 첨부하여 입찰기간 내에 입찰표를 집행관에게 직접 제출하거나 또는 우편으로 제출한다.

집행관 부재시 보조자(사무원)에게 제출(근무시간 내)해도 상관없다. 집행관에게 배달된 후 변경, 취소는 허용되지 않는다.

'기일입찰'일 경우 입찰표에 적는 금액이 잘못 기재하여 정정한 흔적이 있으면 무효 처리되나, '기간입찰'일 경우는 동일 동장으로 정정인 날인을 하게 되면 유효하게 처리하기도 한다. 그러나 금액을 잘못 적었다면 될 수 있으면 새로운 입찰표에 다시 적는 것이 좋다.

힘들게 임장을 하고서는 입찰표의 금액을 잘못 적어 낙찰을 받고도 매수인이 되지 못하고 무효처리가 되는 경우도 종종 있다.

입찰가와 보증금액을 바꿔 적지 않았는지 제대로 금액을 적었는지 확인해야 하며, 입찰하고자 하는 사건번호 그리고 물건번호가 있을 경우 물건번호를 적었는지 꼼꼼하게 확인해야 한다. 흔히 막도장으로 부르는 도장으로 날인하는 것도 잊지 말자.

보증금은 법원 내에 있는 은행에서 수표로 준비하는 것이 좋다. 현금도 인정을 하지만 집행관은 될 수 있으면 수표로 넣을 것을 요구한다.

만약 금액이 560만 7천 원이면 보증금액란에는 이렇게 적고 좀 넉넉하게 561만 원 정도 넣는 방법도 좋다. 힘들게 입찰 준비를 했는데 사소한 실수로 좋은 기회를 잃지 않도록 조심해야 한다.

(앞면)

기 일 입 찰 표

지방법원 집행관　　귀하　　　　　　매각(개찰)기일 :　　년　월　일

사건번호		타 경　　　　호		물건번호	※물건번호가 여러 개 있는 경우에는 꼭 기재

입찰자	본인	성　　명			전화번호	
		주민(사업자) 등록번호			법인등록번호	
		주　소				
	대리인	성　　명			본인과의 관계	
		주민등록번호			전화번호	－
		주　소				

입찰가격	천억	백억	십억	억	천만	백만	십만	만	천	백	십	일	원	보증금액	백억	십억	억	천만	백만	십만	만	천	백	십	일	원

보증의 제공방법	□ 입금증명서 □ 보증서	보증을 반환받았습니다. 입찰자

〈 주의사항 〉

1. 입찰표는 물건마다 별도의 용지를 사용하십시오, 다만, 일괄입찰시에는 1매의 용지를 사용하십시오.
2. 한 사건에서 입찰물건이 여러개 있고 그 물건들이 개별적으로 입찰에 부쳐진 경우에는 사건번호외에 물건번호를 기재하십시오.
3. 입찰자가 법인인 경우에는 본인의 성명란에 법인의 명칭과 대표자의 지위 및 성명을, 주민등록란에는 입찰자가 개인인 경우에는 주민등록번호를, 법인인 경우에는 사업자등록번호를 기재하고, 대표자의 자격을 증명하는 서면(법인의 등기부 등·초본)을 제출하여야 합니다.
4. 주소는 주민등록상의 주소를, 법인은 등기부상의 본점소재지를 기재하시고, 신분확인상 필요하오니 주민등록증을 꼭 지참하십시오.
5. 입찰가격은 수정할 수 없으므로, 수정을 요하는 때에는 새 용지를 사용하십시오.
6. 대리인이 입찰하는 때에는 입찰자란에 본인과 대리인의 인적사항 및 본인과의 관계 등을 모두 기재하는 외에 본인의 위임장(입찰표 뒷면을 사용)과 인감증명을 제출하십시오.
7. 위임장, 인감증명 및 자격증명서는 이 입찰표에 첨부하십시오.
8. 일단 제출된 입찰표는 취소, 변경이나 교환이 불가능합니다.
9. 공동으로 입찰하는 경우에는 공동입찰신고서를 입찰표와 함께 제출하되, 입찰표의 본인란에는 "별첨 공동입찰자목록 기재와 같음"이라고 기재한 다음, 입찰표와 공동입찰신고서 사이에는 공동입찰자 전원이 간인 하십시오.
10. 입찰자 본인 또는 대리인 누구나 보증을 반환 받을 수 있습니다.
11. 보증의 제공방법(현금·자기앞수표 또는 보증서) 중 하나를 선택하여 V표를 기재하십시오.

위 임 장

대리인	성 명		직 업	
	주민등록번호	-	전 화 번 호	
	주 소			

위 사람을 대리인으로 정하고 다음 사항을 위임함.

다   음

지방법원   타경   호 부동산

경매사건에 관한 입찰행위 일체

본인1	성 명	(인감인)	직 업	
	주민등록번호	-	전 화 번 호	
	주 소			
본인2	성 명	(인감인)	직 업	
	주민등록번호	-	전 화 번 호	
	주 소			
본인3	성 명	(인감인)	직 업	
	주민등록번호	-	전 화 번 호	
	주 소			

＊ 본인의 인감증명서 첨부
＊ 본인이 법인인 경우에는 주민등록번호란에 사업자등록번호를 기재

○○지방법원 귀중

(앞면)

기 간 입 찰 표

지방법원 집행관   귀하   매각(개찰)기일 :   년   월   일

사건번호		타 경 호	물건번호	※물건번호가 여러 개 있는 경우에는 꼭 기재

입찰자	본인	성 명		전화번호	
		주민(사업자)등록번호		법인등록번호	
		주 소			
	대리인	성 명		본인과의 관계	
		주민등록번호		전화번호	-
		주 소			

입찰가격	천억	백억	십억	억	천만	백만	십만	만	천	백	십	일	원	보증금액	백억	십억	억	천만	백만	십만	만	천	백	십	일	원

보증의 제공방법	□ 입금증명서 □ 보증서	보증을 반환받았습니다. 입찰자

〈 주의사항 〉

1. 입찰표는 물건마다 별도의 용지를 사용하십시오. 다만, 일괄입찰시에는 1매의 용지를 사용하십시오.
2. 한 사건에서 입찰물건이 여러개 있고 그 물건들이 개별적으로 입찰에 부쳐진 경우에는 사건번호외에 물건번호를 기재하십시오.
3. 입찰자가 법인인 경우에는 본인의 성명란에 법인의 명칭과 대표자의 지위 및 성명을, 주민등록란에는 입찰자가 개인인 경우에는 주민등록번호를, 법인인 경우에는 사업자등록번호를 기재하고, 대표자의 자격을 증명하는 서면(법인의 등기부 등·초본)을 제출하여야 합니다.
4. 주소는 주민등록상의 주소를, 법인은 등기부상의 본점소재지를 기재하시고, 신분확인상 필요하오니 주민등록등본이나 법인등기부등본을 동봉하십시오.
5. 입찰가격은 수정할 수 없으므로, 수정을 요하는 때에는 새 용지를 사용하십시오.
6. 대리인이 입찰하는 때에는 입찰자란에 본인과 대리인의 인적사항 및 본인과의 관계 등을 모두 기재하는 외에 본인의 위임장(입찰표 뒷면을 사용)과 인감증명을 제출하십시오.
7. 위임장, 인감증명 및 자격증명서는 이 입찰표에 첨부하십시오.
8. 입찰함에 투입된 후에는 입찰표의 취소, 변경이나 교환이 불가능합니다.
9. 공동으로 입찰하는 경우에는 공동입찰신고서를 입찰표와 함께 제출하되, 입찰표의 본인란에는"별첨 공동입찰자목록 기재와 같음"이라고 기재한 다음, 입찰표와 공동입찰신고서 사이에는 공동입찰자 전원이 간인하십시오.
10. 입찰자 본인 또는 대리인 누구나 보증을 반환 받을 수 있습니다(입금증명서에 의한 보증은 예금계좌로 반환됩니다).
11. 보증의 제공방법(입금증명서 또는 보증서) 중 하나를 선택하여 ☑ 표를 기재 하십시오.

(뒷면)

위 임 장

대리인	성 명		직 업	
	주민등록번호	-	전화번호	
	주 소			

위 사람을 대리인으로 정하고 다음 사항을 위임함.

다 음

지방법원　　　　　　　타경　　　　　　　호 부동산

경매사건에 관한 입찰행위 일체

본인1	성 명	(인감인)	직 업	
	주민등록번호	-	전화번호	
	주 소			
본인2	성 명	(인감인)	직 업	
	주민등록번호	-	전화번호	
	주 소			
본인3	성 명	(인감인)	직 업	
	주민등록번호	-	전화번호	
	주 소			

* 본인의 인감증명서 첨부
* 본인이 법인인 경우에는 주민등록번호란에 사업자등록번호를 기재

○○지방법원　귀중

101

차순위매수신고 및 매각허가

차순위매수신고

• 차순위매수신고를 하고자 하는 이는 매각기일을 마칠 때까지 집행관에게 신고를 할 수 있다.

• 이는 최고가매수인이 대금지급기한까지 대금을 납부하지 않을 경우 본인이 매각을 허가받겠다는 신고이다.

• 요건은 최고가매수인의 입찰가액에서 보증금액을 뺀 금액을 넘어 입찰가를 쓴 경우에만 할 수 있다.

• 최고가매수인이 납부기일까지 매각대금을 납부하지 않을 경우 다시 재매각을 실시하는 것이 아니라 곧바로 차순위매수신고인에게 매각허가결정을 하게 되는데 만약 차순위매수신고인도 매각대금을 납부하지 않을 경우 재매각기일 3일 전까지 최고가매수인이나 차순위매수신고인 중 가장 먼저 대금을 납부하는 사람이 소유권을 얻게 된다.

- 매각허가가 불허가결정이 내려지면 차순위매수신고인에 대해서도 매각허가결정이 나지 않고 새매각이 실시된다.
- 실무에서는 최고가 매수신고인이나 차순위 매수신고인이 잔금을 치르지 않아 재매각이 이루어지면 보증금을 20%에서 30% 요구한다. 그런데 이전 매수신고인은 재매각이 결정되어도 재매각기일 이전까지 잔금을 치르면 받아주기도 한다.

매각허가

- 매각기일로부터 1주일 이내에 매각허가결정이 내려진다. 매각허부결정에 대해 검토를 하게 되는데, 이때 불허가 사유가 있다면 불허가 결정을 내리게 된다. 사유가 없다면 매각허가결정을 선고하는데 이것이 매각결정기일이다.
- 매각허가결정은 이해관계인에게 송달하지 않고 법원 게시판에 올린다. 결정여부를 알고 싶은 사람들은 법원에서 확인을 하거나 경매계로 전화를 해서 알아볼 수 있다.
- 이의신청
  매각허가에 대한 이의신청은 이해관계인이 매각허가에 대해 구두나 서면으로 할 수 있다.

이의를 요구할 수 있는 사항들

1. 최고가매수인이 부동산을 매수할 자격이 없는 사람일 경우
2. 천재지변이나 다른 사유로 부동산이 멸실되거나, 훼손되었을 경우
3. 경매절차에 중대한 하자가 있을 경우
4. 경매집행을 계속 진행할 수 없을 경우

낙찰받고 매각허가가 나면 일주일 동안 항고기간을 준다. 이때 항고신청이 있으면 매수인은 보증금도 돌려받지 못한 채 몇 달 동안 항고 결과가 나올 때까지 기다려야 하는 애로사항도 있음을 알아두자.

Part 4

배당

배당표를 만드는 이유 · 배당요구와 배당기일
법원의 배당표 · 배당순위 · 배당의 원칙

배당표를 만드는 이유

투자는 부와 파산 사이를 넘나드는 위험한 항해다. 항해를 하려면 적당한
배와 노련한 항해사가 필요한 법이다. 항해에 적당한 배는 어떤 것인가?
돈과 인내 그리고 철사처럼 강인한 신경이다. 또 노련한 항해사는 어떤 사
람인가? 경험이 풍부하고 주관이 뚜렷한 사람이다. 발자크는 세 가지 유
형의 인간이 있다고 말했다. 그것은 일하는 인간, 사고하는 인간, 아무것
도 하지 않는 인간이다. 제대로 된 투자자는 바로 사고하는 인간이다.

- 앙드레 코스톨라니

낙찰자가 매각대금을 납부하면 집행비용을 공제하고 채권별로 순
위에 따라 배당을 하게 된다.

권리분석을 잘하기 위해서는 배당순위가 어떻게 이루어
지느냐를 이해하고 있어야 한다. 매각대금에서 모든 채권자들과
임차인들의 요구액을 다 변제할 수 있으면 별문제가 되지 않는데 실

전에서는 이런 경우가 거의 없기 때문에 채권과 임차인들의 보증금 액에 대해 어떤 순서로 배당이 이루어지느냐를 알아야 한다.

경매 고수들은 배당표를 만들 줄 안다

요즘은 어느 정도 비용을 지불하고 유료정보 사이트를 이용하면 배당표가 잘 계산된 것을 볼 수 있어 많이 간편해진 것은 사실이다. 그러나 가끔 정보지에서 제공하는 정보에 오류가 있을 때도 있어 스스로 배당표를 만들 줄 알아야 경매를 제대로 할 수 있다.

배당표를 왜 만들까?

- 입찰 전에 매수 후 추가로 인수해야 할 등기상의 권리가 있거나 임차인의 보증금을 어느 정도 인수해야 하는지를 알아볼 수 있다.
- 추가 인수금액이 있는지를 따져서 입찰 금액을 어느 정도로 잡아야 하는지 예상할 수 있다.
- 배당에서 제외되는 임차인들을 파악해서 명도가 어려울 것인지를 미리 예상해볼 수 있다.

배당요구와 배당기일

배당요구

배당요구의 종기까지 배당요구를 해야 한다. 배당요구의 원인과 배당요구 금액 등을 기재한 배당요구신청서와 첨부서류를 함께 제출하면 된다.

첨부서류
- 근저당권자
  등기부등본, 설정계약서
- 가압류권자
  등기부등본, 가압류결정정본
- 일반채권자
  채권원인증서 사본
- 임차인
  주민등록등본, 임대차계약서
- 임금채권자
  관할세무서의 근로소득원천징수서류, 회사경리장부, 근로감독관청확인서

배당기일

매수자가 매각대금에 대한 잔금을 납부하면 배당기일이 정해진다. 보통 대금 납부 후 4주 정도며 경매계에서는 거의 4주가 되는 날짜로 잡고 있다.

배당기일이 정해지면 이해관계인에게 통지한다.

배당에 참여하는 이해관계인은, 배당요구를 하지 않아도 배당받는 채권자와 반드시 배당요구를 해야 배당받는 채권자 그리고 임차인이다.

■ 배당요구를 하지 않아도 되는 채권자
  첫 경매개시결정등기 전에 등기된 가압류채권자, 이중경매 신청채권자, 대위변제자, 경매로 소멸되는 후순위 전세권자, 담보가등기권자, 저당권자 등이다.

■ 배당요구를 반드시 해야 하는 자
  임차인, 집행력 있는 정본을 가진 채권자, 등기가 되어 있지 않아 채권의 여부를 알수 없는 채권자, 경매기입등기 이후에 등기된 저당권자와 가압류 채권자, 최선순위 전세권자 등이다.

법원의 배당표

법원에서는 배당기일 3일 전에 배당표 원안을 작성하여 비치한다. 이 배당표 원안은 확정된 것이 아니라 배당기일에 채권자들의 합의에 의해 확정되어진다.

만약 배당기일에 합의가 이루어지지 않고 배당이의 신청이 있으면 이의 신청이 없는 부분만 우선배당을 한다. 배당이의 신청은 대부분 가장임차인에 대한 최우선변제금액에 대한 것이다. 이런 배당이의 신청이 있으면 사실 매수자는 난감할 수밖에 없다. 가장임차인이라도 배당을 받아 가면 명도가 쉬워지기 때문이다.

만약 배당이의 신청이 있으면 매수자는 가장임차인에 대한 명도를 염두에 두어야 한다.

배당표에는 매각대금, 채권원금, 지연이자, 항고보증금, 집행비용, 배당순위, 배당비율 등이 표시된다.

배당이의 사유가 될 수 있는 경우

1. 배당요구를 하지 않는 채권자가 배당된 경우
2. 배당요구를 한 채권자가 배당표에서 누락된 경우
3. 배당표의 금액이 잘못 기재되었을 경우
4. 다른 채권자의 배당금 때문에 자신의 배당금액이 감소했을 경우 정당한 사유를 들어 이의를 신청한 경우
5. 배당금액에 지연이자 등이 포함되지 않은 경우

배당이의의 소

배당기일에 배당이의의 신청이 있은 후 그것의 가부가 결정되지 않을 경우, 배당이의의 신청자는 배당기일로부터 7일 이내에 법원에 배당이의 소를 제기할 수 있다.

배당순위

배당되는 순위는 다음과 같다.

❶ 집행비용

❷ 주택, 상가 소액임차보증금채권에 대한 최우선변제액, 근로자의 임금채권(최종 3개월분의 임금, 3년간의 퇴직금과 재해보상금)

❸ 당해세 - 국세 : 상속세, 증여세, 재평가세

   - 지방세 : 종합토지세, 재산세, 자동차세, 도시계획세, 공동시설세

❹ 저당권·전세권에 의한 담보채권, 확정일자가 있는 주택·상가임차인의 보증금, 기타 국세·지방세

❺ 기타 임금채권

❻ 국세·지방세 및 지방자치단체의 징수금

❼ 국민건강보험료, 산업재해보상보험료, 국민연금보험료 등과 같은 공과금

❽ 일반채권

배당의 원칙
(반드시 숙지해야 할 부분)

물권끼리 배당의 원칙

배당에서 알아두어야 할 물권은 (근)저당권, 담보가등기(가등기담보권), 전세권, 확정일자를 부여받은 주택임차권(채권이지만 확정일자를 받으면 물권적 성격을 갖게 되는 채권이다.)이다. 이 물권은 등기부등본의 원인 날짜로 순위를 따지는 것이 아니라, 접수일자로 순서를 따진다. 접수일자(번호)가 빠를수록 먼저 배당을 받는다.

예) 2006년 6월 3일 갑 저당권 : 7,000만 원
　　2006년 6월 5일 확정일자를 갖춘 을 임차인의 보증금 : 5,000만 원 (대항력을 갖춤)
　　2006년 7월 5일 병 저당권 : 5,000만 원

매각대금 : 1억 4,000만 원

■ 배당순위
첫째, 갑 : 7,000만 원 배당
둘째, 을 : 5,000만 원 배당
셋째, 병 : 2,000만 원 배당　　　＊경매비용, 당해세 부분 등을 빼고 예로 들었음.

채권끼리 배당의 원칙

채권은 날짜로 순위를 따지지 않는다. 채권끼리는 동등한 순위로 보고 평등배당을 한다. 평등배당은 비율로 따져서 배당한다고 해서 '안분배당'이라고도 한다. 순위에 상관없이 채권자의 채권액이 높을수록 더 높은 비율의 금액을 배당받게 된다.

■ 안분배당 계산법

$\dfrac{\text{해당 채권액}}{\text{총 채권액}} \times$ 매각대금(배당할 수 있는 금액) = 채권자의 안분배당액

■ 매각대금 6,000만 원(배당할 수 있는 금액으로 가정)

예) 2006년 7월 7일 갑 가압류 6,000만 원
　　2006년 7월 8일 을 가압류 3,000만 원

갑의 안분배당액

$\dfrac{6{,}000\text{만 원}}{6{,}000\text{만 원} + 3{,}000\text{만 원}} \times 6{,}000\text{만 원} = 4{,}000\text{만 원}$

을의 안분배당액

$\dfrac{3{,}000\text{만 원}}{6{,}000\text{만 원} + 3{,}000\text{만 원}} \times 6{,}000\text{만 원} = 2{,}000\text{만 원}$

물권과 채권끼리 배당의 원칙

물권과 채권 사이에서는 항상 물권이 우선한다. 이를 '물권 우선의 원칙'이라고 한다. 그래서 물권은 채권과의 다툼에서 몇몇 경우를 제외하고 항상 우선한다. 조세와 같은 경우는 물권과 순위를 따지지 않고 먼저 배당하기 때문이다.

물권과 채권의 배당방법은 조금 복잡하다. 하나씩 짚어 보자.

■ **물권이 채권보다 먼저일 경우**
예) 2006년 5월 10일 갑 저당권 : 6,000만 원
　　2006년 7월 3일 을 가압류 : 3,000만 원

매각대금 : 7,000만 원

이때는 물권인 갑이 먼저 6,000만 원을 배당받고, 가압류권자인 을에게는 남은 매각대금인 1,000만 원이 배당된다.

■ **채권이 물권보다 먼저일 경우**
예) 2006년 5월 7일 갑 가압류 : 3,000만 원
　　2006년 5월 10일 을 저당권 : 6,000만 원

매각대금 : 6,000만 원

물권이 우선이라고 하지만 저당권인 을이 먼저 6,000만 원을 배당받는 것이 아니다. 왜냐하면, 가압류권자인 가압류가 선순위이기 때문이다. 이럴 때는 안분배당을 하게 된다.

갑 가압류권자의 배당금액

$$\frac{3,000만\ 원}{3,000만\ 원 + 6,000만\ 원} \times 6,000만\ 원 = 2,000만\ 원$$

을 저당권자의 배당금액

$$\frac{6,000만\ 원}{3,000만\ 원 + 6,000만\ 원} \times 6,000만\ 원 = 4,000만\ 원$$

■ **채권 · 물권 · 채권의 순서로 되어 있는 경우**

이와 같은 경우도 우선 안분배당을 하고, 물권보다 후순위에 있는 채권자의 배당금액에서 물권은 흡수할 수 있다. 이것을 '흡수배당'이라고 한다.

예) 2006년 2월 21일 갑 가압류 : 4,000만 원
 2006년 2월 25일 을 저당권 : 6,000만 원
 2006년 2월 27일 병 가압류 : 2,000만 원

매각대금 : 9,000만 원

물권이 우선이라고 하지만 저당권인 을이 먼저 6,000만 원을 배당받는 것이 아니다. 왜냐하면, 가압류권자인 가압류가 선순위이기 때문이다. 이럴 때는 안분배당을 하게 된다.

갑 가압류권자의 배당금액

$$\frac{4,000만\ 원}{4,000만\ 원 + 6,000만\ 원 + 2,000만\ 원} \times 9,000만\ 원 = 3,000만\ 원$$

을 저당권자의 배당금액

$$\frac{6,000만\ 원}{4,000만\ 원 + 6,000만\ 원 + 2,000만\ 원} \times 9,000만\ 원 = 4,500만\ 원 + (병\ 배당금에서\ 흡수)$$

병 가압류권자의 배당금액

$$\frac{2,000만\ 원}{4,000만\ 원 + 6,000만\ 원 + 2,000만\ 원} \times 9,000만\ 원 = 1,500만\ 원 \rightarrow (을의\ 흡수금)$$

최종 배당금액

갑은 3,000만 원을 배당받고, 물권인 을은 후순위인 병에 대해 자신의 채권액을 만족할 때까지 흡수한다. 자신의 채권액은 6,000만 원인데 4,5000만 원밖에 배당받지 못한다. 그래서 후순위인 병의 1,500만 원을 모두 흡수하고 6,000만 원 배당을 받고, 병은 한 푼도 배당을 받지 못한다.

최우선변제권이 인정되는 소액임차인이 있을 경우, 먼저 최우선변제금액을 먼저 배당해주고, 남은 금액으로 위와 같은 방법으로 배당을 해준다.

물권인 저당권자와 같은 날짜에 '대항력의 요건(전입과 점유)' 과 '확정일자'를 갖춘 임차인과의 배당순위

이때는 저당권자가 먼저 배당을 받는다. 왜냐하면, 대항력의 요건인 전입일자는 그 다음 날 0시부터 인정되기 때문이다. 비록 전입일 신고와 저당권자 설정 날짜가 같다 하더라도 임차인은 그 다음 날부터 대항력을 인정받기 때문이다.

물권인 저당권자와 같은 날에 확정일자를 갖추고 미리 대항력의 요건을 갖춘 임차인의 배당순위

미리 대항력을 갖춘 임차인이 저당권자와 같은 날에 확정일자를 받았다면 동순위가 된다. 배당에서는 확정일자로 순위를 따지기 때문이다. 동순위이므로 안분배당을 하고 말소기준권리가 되는 저당권자보다 먼저 대항력을 갖춘 임차인의 미 배당금액분에 대해서는 매수자가 인수를 해야 한다.

실무에서 생기는 일

1. 임차인이 대항력을 갖추고 확정일자를 근저당설정일과 동일한 날에 한 경우
   홍길동 점유, 전입, 확정일자 (2003.5.6)
   근저당설정 (2003.5.6)
   → 근저당이 선순위가 된다. 홍길동의 전입의 효력은 2003년 5월 7일 0시부터이기 때문이다.

2. 임차인이 대항력을 갖추고 확정일자를 다음 날 받았는데 그날 근저당이 설정된 경우
   홍길동 점유, 전입 (2007.3.13)
   확정일자 (2007.3.14)
   근저당설정 (2007.3.14)
   → 홍길동이 배당요구를 했다면 근저당권과 동순위가 되어 안분배당 받는다. 홍길동이 미처 배당받지 못한 금액은 낙찰자가 인수해야 한다.

Part 5

매각으로 소멸하여
인수되지 않는 권리들

매각으로 소멸하여 인수되지 않는 권리들

(근)저당 · 압류와 가압류

담보가등기 · (강제)경매기입등기

매각으로 소멸하여 인수되지 않는 권리들

매각으로 소멸하는 권리들을 알기 위해 우선 '말소기준권리'부
터 찾아야 한다. 여기서는 말소기준이 될 수 있는 권리들에 대해 조
금 더 살펴보자. 말소기준권리가 될 수 있는 것은 (근)저당, 압류, 가
압류, 담보가등기, (강제)경매기입등기이다. 이 중 가장 먼저 설정된
권리 하나를 '말소기준권리'로 잡는다는 것은 앞서 언급했기에 이미
알 것이다. 이어지는 내용을 통해 '매각으로 소멸하여 인수되지 않
는 권리들'에 대해 자세히 살펴보자.

> '전세권등기'도 경우에 따라서는 '말소기준권리'가 된다는 것을 앞서 언급한 바 있다.
> 꼭 기억해두자.

120

(근)저당

저당권은 채무자가 채무의 담보로 제공한 부동산으로부터 채권자가 우선 받을 수 있는 권리를 말한다. 이때 채무자는 부동산을 비울 필요는 없다.

근저당은 계속적인 거래관계로부터 발생하는 다수의 불특정 채권을 장래의 결산기에 일정한 한도까지 담보하는 저당권을 의미한다. 저당권과 근저당권과의 차이점은 근저당권은 '확정'이라는 것이 있다.

> 저당권은 부동산을 담보로 돈을 빌려주고 설정하는 것인데 채권액이 정해져 있고, 근저당권은 채권액을 정하지 않고 채권최고액을 정해둔다. 근저당권이 경매신청을 하면 그때 금액이 확정된다.

근저당권자가 경매를 신청하면, 채무자와 거래관계를 계속하지 않겠다고 하는 것이며, 경매신청과 동시에 근저당권이 확정된다고 본다. 채권자가 근저당권을 설정할 때 채권최고액을 정하는데 목적물로부터 우선변제를 받는 최고 한도이다.

그래서 실제 채무액이 얼마인지 근저당권 설정자에게 확인해야 한다. 요즘 유료정보 사이트에서는 실제 채권액이 얼마인지 알려주고 있다. 이것을 확인함으로써 근저당권자와 후순위 채권자들의 실제 배당관계를 알 수 있다.

> 근저당의 실제 금액이 다를 수 있으므로 금융권에 문의해본다. 저당권, 근저당은 등기부등본에 설정할 때부터 채무이행을 지키지 않으면 경매신청을 하겠다는 의미이다. 그래서 경매신청권한이 있다.

경매시 (근)저당권에 대해 가장 유의할 점은 몇 (근)저당권자가 설정되어 있는데, 가장 먼저 설정되어 있는 (근)저당권자가 경매신청을 하지 않았을 때 유의해야 한다.

이 경우는 이미 채권을 환수해 흔적만 남아 있는 실체가 없는 선순위 (근)저당권자일 수도 있다. 이때 말소기준권리가 될 수 없어 경락자에게는 큰 화근거리가 될 수 있으므로 철저히 조사를 해야 한다.

후순위 임차인이 대항력 있는 임차인이 된다거나 후순위 가처분을 떠안게 될 수 있기 때문이다.

압류와 가압류

압류

확정판결, 기타 채무명의에 의해 '강제집행'을 하기 위한 보전수단이다.

❶ 넓은 의미의 압류 : 국가권력으로 특정한 유체물 또는 권리에 대하여 사실상 또는 법률상의 처분을 금하는 행위

❷ 좁은 의미의 압류 : 금전채권에 관한 강제집행의 제1단계로서 집행기관이 먼저 채무자의 재산의 사실상 또는 법률상의 처분을 금하고 이를 확보하는 강제행위

구법에서는 '차압'이라고 한다. 그래서 흔히 '차압 들어 왔다.'라고 하는 것이다.

가압류

채무자의 재산에 대한 강제집행을 보전하기 위해 그 재산을 임시로 압류하는 법원의 처분이다. 채무자가 자신의 재산을 모두 처분하거나 해당 부동산에 소송을 제기하려는 자가, 채무자가 부동산을 은닉·처분하지 못하도록 빠르게 임시조치를 취해둔다고 하여 압류 앞에 '가'자를 붙여 가압류가 되는 것이다.

보통 채권자의 신청만을 가지고 법원이 결정을 내린다.

가압류는 경매에 있어서 이해관계인이 될 수 없고 배당에서도 불리한 입장에 있다. 우선변제권이 없으며, 후에 오는 모든 배당권자들과 '안분배당'을 해야 한다. 가압류권자는 경매신청권한이 없고, 판결문을 받아 강제경매신청을 해야 한다. 배당요구를 하지 않아도 자동배당된다.

- 압류는 세금체납 등에 관한 것이므로 이자가 붙지 않는다. 가압류는 이자가 붙는다.
- 가압류는 경매신청권한이 없다. 그래서 판결 받아서 신청해야 하므로 강제경매가 된다.

담보가등기

담보가등기는 소유권이전이 목적이 아니다. 채무변제의 담보를 위한 일종의 담보물권의 성질이 있다. 즉, 채무자가 채권자로부터 금전을 차용하면서 만일 변제기가 도래하여도 갚지 않을 경우에는, 채무자 소유의 부동산에 관한 소유권을 채권자에게 넘겨준다는 대물변제의 예약이다. 그리고 담보의 목적으로 가등기를 하는 것이다.

채무자가 변제기에 이르러서도 채무를 변제하지 않을 경우

- 채권자는 일정기간의 청산기간이 경과한 후(2개월), 청산금을 지급하고 본등기를 경료하는 방법으로 채권자가 그 소유권을 취득하게 되거나,
- 채권자가 가등기의 목적이 된 부동산을 임의경매신청하여 그 낙찰대금에서 배당을 받아 자기 채권의 만족을 얻게 되는 것이다.

경매에 있어 담보가등기를 일종의 저당권으로 본다.

즉, 담보가등기가 설정된 부동산에 대하여 경매가 개시된 경우에 담보가등기권리자는 다른 채권자보다 자기채권의 우선변제를 받을 권리가 있고, 이 경우 그 순위에 관하여는 그 담보가등기권리를 저당권으로 보고, 그 담보가등기가 설정된 때에 그 저당권의 설정등기가 행하여진 것으로 본다.   (가등기담보 등에 관한 법률 제13조)

가등기

가등기에는 담보가등기와 보전가등기가 있다. 앞의 경우는 말소기준권리가 되는 담보가등기만 설명하였는데 경매에 있어 등기부에 '가등기'가 설정되어 있으면, 이것이 담보가등기인지 보전가등기('가'자 확인)인지 구분해야 한다.

- 보전가등기 : 소유권을 보전하기 위해 설정
- 담보가등기 : 돈을 빌려주고 설정

등기부에 가등기가 설정되어 있으면, 유의해야 한다. 이유는 등기부만으로 그것이 담보가등(기)인지 보전가등기인지 알 수 없기 때문이다. 선순위의 가등기로 설정되어 있으면 조심해야 한다.

왜냐하면, 가등기가 '보전가등기'이면 경락을 받아도 소멸되지 않고 낙찰자는 소유권을 상실할 수 있다.

담보가등기는 말소기준권리가 되고 선순위더라도 말소된다고 하였다. 그러나 예외적으로 경매개시결정기입등기 전에 담보가등기권자가 청산기간(2개월)이 지난 후(채권자가 채무자에게 청산하겠다고 통보하고 두 달을 기다려야 효력이 있다.) 청산금을 변제하면 그 담보가등기는 소멸하지 않으므로 유의해야 한다.

'매각물건명세서'를 통해 확인

'담보가등기'일 경우 법원은 채권계산서를 제출하라고 통지하는데 금전채권은 우선변제로 배당받고 소멸된다.

'보전가등기'일 경우도 소유권을 보전하기 위한 가등기일 경우 법원에 통보하라고 통지하지만 만약 가등기에 대한 어떠한 통보도 없으면 그것을 '보전가등기'로 보고 법원에서는 '매각물건명세서'에 기록한다. 선순위에 있는 가등기가 담보가등기라는 확신이 없으면 입찰을 하지 않는 편이 좋다.

대물반환예약?

요즘은 등기부등본 기재하는 법이 바뀌어서 쉽게 담보가등기인지 보전가등기인지 구분할 수 있다. 최근에 설정된 가등기라면 등기부등본의 등기원인란에 '매매예약'라고 되어 있을 것이다. 이럴 경우는 소유권이전청구권보전가등기로 보면 된다.

만약, '대물반환예약'이라고 되어 있다면 담보가등기로 보면 된다.

(강제)경매기입등기

(근)저당권이나 압류, 가압류 등이 없는데 '경매'가 신청되었다면, 강제경매기입등기를 말소기준으로 보면 된다. 강제경매기입등기가 말소기준으로 되는 경우는, 보통 임차보증금을 받지 못한 임차인들이 판결문을 받아 경매를 신청한 것이다.

이렇게 신청된 강제경매기입등기는 압류의 효력을 가지므로 '말소기준권리'가 될 수 있다고 보고 있다.

이때 입찰자가 유의해야 할 사항은 강제경매기입등기 이전에 점유와 전입을 한 임차인이 대항력을 가지므로 확정일자를 갖추고 배당요구를 하였는지, 인수금액이 있는지 꼼꼼하게 따져야 한다.

❶ (근)저당, 압류, 가압류, 담보가등기, 강제경매기입등기 중 가장 먼저 설정된 말소기준권리를 기준으로 지상권, 지역권, 전세권, 등기된 임차권, 가등기, 가처분, 환매등기, 근저당, 압류, 가압류, 임차인은 후순위에 있으면 소멸되는 권리이다. (즉, 말소기준권리보다 후순위

에 오면 소멸되는 일반적인 것들)

❷ 이 말소기준권리보다 먼저 설절된 지상권, 지역권, 전세권(배당요구 안 한 경우), 가등기, 환매등기, 가처분, 배당요구 안 한 임차인 등은 낙찰자가 인수한다.

MEMO

Part 6

매각으로 소멸하지 않아 인수되는 권리들

매각으로 소멸하지 않아 인수되는 권리들

권리분석을 잘하려면 '경매로 소멸되는 권리'들과 '소멸되지 않는 권리들'을 반드시 알아야 한다.

대부분의 권리는 경매로 소멸된다. 하지만, 몇 가지 특수한 경우와 후순위에 있더라도 소멸되지 않고 매수인이 인수해야 하는 권리들이 있다. 전 소유자의 압류, 가압류를 비롯하여 예고등기, 주택임대차보호법상의 대항력 있는 임차인의 권리, 환매특약의 등기(환매등기), 선순위 가처분, 선순위의 매매예약가등기, 소멸되지 않는 전세권, 선순위의 지상권, 토지의 저당권에 건물 경락자에게 인수되는 경우 등은 매각으로 소멸하지 않기 때문에 인수해야 하는 권리들이다. 다음의 내용들을 통해 자세히 살펴보자.

전 소유자의 압류, 가압류

전 소유자의 선순위 압류, 가압류가 있을 경우와 현 소유자의 채권자가 경매신청을 했을 경우에, 전 소유자의 선순위 압류, 가압류권자가 배당에 참여하지 않는다면 말소기준권리가 될 수 없으며 낙찰자가 인수해야 한다. 하지만, 배당요구를 하고 경매신청을 했다면 말소기준권리가 되고 소멸된다. 그리고 전 소유자의 압류, 가압류에 앞서 담보물권이 있으면 소멸된다.

요즘 실무에서는 대체로 전 소유자의 선순위 압류, 가압류권자에게 배당에 참여하게 하고 말소시키지만 꼭 채권신고를 하였는지 확인하고 입찰하는 것이 좋다.

예1) 홍길동 (소유권 보존)
　　　가압류 (배당참여 ×)
　　　김대감 (소유권 이전)
　　　근저당 (경매신청)

　　　➡ 가압류 말소기준 ×, 인수

예2) 홍길동 (소유권 보존)
　　　가압류 (배당참여)
　　　김대감 (소유권 이전)
　　　근저당 (경매신청)

　　　➡ 가압류 말소기준 ○, 소멸

예3) 홍길동 (소유권 보존)
　　　가압류
　　　근저당 (경매신청)
　　　김대감 (소유권 이전)
　　　근저당
　　　➡ 가압류 말소기준, 소멸

예4) 홍길동 (소유권 보존)
　　　근저당 1
　　　가압류
　　　김대감 (소유권 이전)
　　　근저당 2 (경매신청)
　　　➡ 근저당 1이 말소기준권리,
　　　　가압류 소멸

　　전 소유자의 압류, 가압류가 남아 있는 경우를 확인해보기 위해서는 패쇄등기와 전산등기를 함께 보면 알 수 있다.

예고등기

흔히들 가장 무서운 등기라고 한다. 왜냐하면 예고등기는 말소
기준권리보다 후순위에 있더라도 소멸되지 않고 매수자가
인수해야 하기 때문이다.

예고등기는 등기원인이 무효 또는 취소에 의한 등기의 말소, 회복
의 소가 제기된 경우에 그 등기에 의하여 소의 제기가 있었음을 제
3자에게 경고하여 소송의 결과, 발생할 수도 있는 불측의 손해를 방
지하려는 목적에서 하는 것이다. (1998.9.22. 98다2631호 판결)

예고등기가 있다 하더라도 부동산을 매도하는 것은 가
능하다. 왜냐하면, 예고등기는 경고의 목적만 있기 때문이다. 그래
서 권리의 발생, 변경, 처분금지와 같은 효력은 지니고 있지 않다. 하
지만, 예고등기권자가 소송에서 승소하게 되면 매수자는 소유권을

잃게 된다.

예고등기가 등기부 갑구에 있는 것이 아니라 을구에 있으면 소멸한다고 보면 된다. 왜냐하면, 을구의 예고등기는 근저당에 관한 소를 다투는 것이며 매각하면 근저당이 말소되므로 예고등기도 함께 소멸되기 때문이다. 하지만, 말소기준권리가 되는 근저당에 대한 '말소의 소'의 예고등기는 유의해야 한다. 예고등기권자가 승소하면 말소기준권리가 바뀌기 때문이다.

예고등기권자가 패소할 경매사건이라면 예고등기가 있는 물건에 입찰하여 큰 수익을 얻을 수 있다. 하지만, 이것은 고수들이 펼치는 영역이니 초보자는 좀 더 경매의 감각을 익히고 난 후 접근해 보는 것이 좋을 것이다.

그런데 소유권이전등기 말소청구소송이 제기되었는데도 예고등기를 하지 않은 경우는 어떻게 되는가?

이 경우는 손해배상청구를 할 수 있다.

당해제소 내용상 관련 학설이나 판례가 전무하거나, 서로 엇갈리기 때문에 예고등기 촉탁이 필요한 사안인지에 대하여 부정적인 판단을 한 것에 과실이 있다고 볼 수 없는 경우, 혹은 예고등기가 되어 있어다 하더라도 제3자가 마찬가지의 거래행위를 하였을 것이라고 볼 수 있는 경우 등 특별한 사정이 없는 한, 등기원인의 무효 또는 취소로 인한 등기의 말소 또는 회복의 소가 제기되었음에도 불구하고 담당 공무원이 예고등기의 촉탁을 하지 아니한 탓으로 제3자가 등기명의인으로부터 권리를 취득할 수 있다고 믿고 그 부동산에 관한 거래를 하였다가 그 소송의 결과에 따라 불측의 손해를 입게 되었다면 이는 담당 공무원이 그 직무를 집행함에 당하여 과실로 법령에 위반하여 타인에게 손해를 가한 때에 해당하여 국가는 국가배상법 제2조 제1항에 따라 손해배상책임을 진다.   (대법원 1998.9.22. 선고 98다2631 판결)

주택임대차보호법상의 대항력 있는 임차인의 권리

대항력의 요건을 갖춘, 즉 '전입신고'와 '점유'를 하고 있는 임차인이 말소기준권리보다 선순위이고 확정일자를 갖추어 배당요구를 하면,

- 우선변제를 받을 수 있는 권리가 있으며,
- 만약 보증금액에 전액 배당받지 못할 때는 부족분을 낙찰자에게 요구할 수 있으며,
- 배당요구를 하지 않았을 경우 낙찰자가 전액 인수해야 한다.
- 임차인은 보증금을 받을 때까지 지속적으로 점유할 수 있다.

환매특약의 등기

환매특약의 등기는 '환매등기'라고도 하는데 등기부등본에 환매할 권리를 등기한 것을 말한다. 환매한다는 것은 말 그대로 다시 사오겠다는 특약이다.

즉, 매도인이 특별한 이유로 매수인에게 자신의 부동산을 매도하면서 일정한 기간 안에 다시 사오겠다는 특약을 매매계약과 동시에 설정하는 것이다. 이때 환매대금도 환매특약을 할 수 있다.

해당 토지를 매도자가 2억 원에 팔고, 어느 일정 기간 안에 2억 3천만 원에 다시 사오겠다는 특약을 하게 되면 이에 따라야 한다. 토지를 담보로 돈을 빌릴 때 이런 환매특약을 하곤 한다.

환매권은 후순위에 있으면 낙찰자가 걱정할 필요가 없다. 하지만, 선순위가 되면 경락자가 떠안아야 한다. 이런 물건을 낙찰받았을 경우 나중에 환매권자가 환매를 요구하면 소유권을 잃게 된다.

그렇다고 선순위 환매권이 있는 물건을 무조건 무시할 필요는 없다. 고수들은 이런 물건이 나오면 다이아몬드를 캐듯 신중히 본다.

환매권은 소멸시효가 있다.

환매권을 행사할 수 있는 것은 환매기간 뿐이다. 환매기간이 지나면 환매권을 행사할 수 없어 소유권을 다시 취득할 수 없다.

부동산은 5년, 동산일 경우는 3년을 넘지 못한다. 환매기간이 소멸된 후에는 다시 연장할 수 없다. 또한, 기간이 지나면 그 효력은 자동으로 상실한다. 그래서 선순위에 있는 환매권이라도 기간이 지났거나 얼마 남지 않은 것을 감안하여 입찰을 한다면 예상밖의 수익을 얻을 수도 있다.

가처분

가처분은 채권자가 채권의 권리를 확보하기 위하여 재판확정 전에 분쟁이 되는 대상의 물건을 현재 상태로 유지할 필요가 있을 때 채무자의 재산은닉, 제3자에게 양도금지 등의 처분을 금지시키고 그 보관에 필요한 조치를 하는 보전처분이다.

경매에 있어서 알아야 할 가처분은 '처분금지가처분'과 '점유이전금지가처분'이다.

선순위가처분

처분금지가처분

소유권이전등기청구권이나 소유권말소등기청구권을 피보전권리로 하는 부동산처분금지가처분 등이 있다. 말소기준권리보다 먼저 가처분등기가 된 부동산에 대하여 경매절차를 계속 진행하여 매각으로 소유권이전등기를 하였다 하더라도 가처분은 말소되지 않는다. 가처분채권자가 채무자에 대한 본안소송에서 승소하면 경락자의 소유권은 상실하게 되므로 주의해야 한다.

후순위가처분

가장 유의하여야 할 것은 토지소유자의 건물철거 및 토지인도 청구권보전을 위하여 건물에 경료된 가처분등기는 순위에 관계없이 매각으로 소멸되지 않는다는 것이다.

그래서 가처분이 후순위에 있으면 건물철거나 토지인도 청구권보전을 위한 것인지 확인해야 한다. 그래서 후순위의 건물철거 및 토지인도 청구보전을 위한 가처분등기는 무서운 등기다.

점유이전금지가처분

채권자가 해당 부동산의 인도 또는 명도청구권을 보전하기 위하여 채무자로 하여금 부동산을 타인에게 이전하거나 점유 명의를 바꾸지 못하도록 금지하는 보전처분이다.

경매 실무에서 인도명령신청과 함께 점유이전금지가처분을 신청한다. 그 이유는 인도명령집행으로 부동산의 점유자를 내보냈는데 그 점유자가 해당 부동산에 다시 재점유를 하게 되었을 경우 인도명령을 다시 신청할 수 없게 된다.

대신 명도소송의 절차를 밟아야 한다. 명도소송절차는 까다롭기 때문에 이런 소송으로 가는 것을 미리 방지하기 위해서 점유이전금지가처분을 해두는 것이다. 경매를 하다 보면 많이 하게 되는 신청이므로 하는 방법을 알아두자.

부동산점유이전금지가처분신청서

채 권 자	(성명)	(주민등록번호 -)
	(주소)	수입인지 2,500원
채 무 자	(성명)	(주민등록번호 -)
	(주소)	
목적물의 가액		
피보전권리의 요지		
신 청 취 지	- 채무자의 별지목록 기재 부동산에 대한 점유를 풀고 채권자가 위임하는 집행관에게 그 보관을 명한다. - 집행관은 그 현상을 변경하지 아니할 조건으로 하여 채무자에게 이를 사용하게 하여야 한다. - 채무자는 그 점유를 타인에게 이전하거나 또는 점유명의를 변경하여서는 아니된다. - 집행관은 위 명령의 취지를 적당한 방법으로 공시하여야 한다. 라는 결정을 구합니다.	
신 청 이 유	1. 신청이유는 〈덧붙임〉의 내용과 같습니다. 2. 담보제공에 대하여는 보증보험증권회사와 지급보증위탁계약을 체결한 문서로 제출하고자 하오니 허가하여 주시기 바랍니다.	
소 명 방 법	1. 부동산등기부등본 1통 2. 목록 (가처분할 부동산의 표시) 6부 3.	

200 . . .

채권자 :   (날인 또는 서명)

(연락처 :   )

○○지방법원 귀중

〈 유의사항 〉
1. 피보전권리의 요지란에는 채권의 발생일자와 발생원인 등을 기재한다.
   〈예시〉피보전권리의 요지 : 2003.1.1.자 부동산에 대한 인도, 명도 청구권
2. 채권자는 연락처란에 언제든지 연락 가능한 전화번호나 휴대전화번호(팩스번호, 이메일 주소 등도 포함)를 반드시 기재하기 바랍니다.
3. 신청서를 접수할 때에는 수입인지 2,500원(2층 신한은행에서 구입)을 오른쪽 상단에 부착하시고, 당사자(채권자, 채무자) 1인당 3회분(9,060원)의 송달료를 2층 신한은행에 예납하여야 합니다.

선순위의 매매예약가등기

가등기에는 앞서 설명한 것처럼 매매예약을 위한 소유권이전청구권가등기와 대물반환예약인 담보가등기가 있다. 담보가등기는 채권자가 담보를 위해서 채무자의 부동산에 가등기를 하는 것이며, 가등기권자가 배당요구를 하거나 경매를 신청하면 담보가등기로 본다. (배당요구는 송달문건 처리내역을 보면 알 수 있다.)

담보가등기가 선순위이면 '말소기준권리'가 될 수 있고 배당받은 후 소멸하게 된다. 그러나 선순위의 소유권이전청구권가등기는 인수된다. 소유권이전청구권가등기가 선순위면 법원에서는 경매신청은 받아주지만 실무에서는 경매를 진행시키지 않는다.

그래서 이와 같은 선순위 소유권이전청구권가등기는 경매에서는 거의 없다고 본다. 그래도 선순위에 가등기가 있으면 꼭 확인하고 입찰을 해야 한다.

소멸되지 않는 전세권
(중요한 부분)

전세권은 후순위이면 소멸한다. 선순위이면 원칙적으로는 소멸되지 않고 경락자가 인수해야 하나 전세권자가 배당요구를 하거나 경매신청을 하게 되면 소멸하는 것으로 본다.

민사소송법 사건에서는 경매신청 기입등기일로부터 6개월 이상 전세기간이 남아 있는 경우여야 인수된다. 민사집행법에서는 존속기간을 따지지 않고 배당요구를 하지 않으면 인수한다.

- 전세권자는 점유와 전입신고가 되어 있으면 대항력을 갖춘다. 즉, 주택임대차보호법상의 권리를 가지는 셈이다. 전세권자가 점유와 전입을 상실하면 전세권의 권리만 가질 뿐 대항력에 대해서는 주장할 수 없다.
- 전세권은 동시에 담보물권적 성격도 가진다. 전세권은 해당 부동산을 사용, 수익하면서 동시에 후순위 권리자들보다 먼저 전

세금에 대해 우선변제를 받을 수 있다.

- 전세금을 돌려받지 못했을 경우 경매를 신청할 수 있다. 그래서 임의경매가 된다. 일반 임차인은 판결문을 받아 경매를 신청할 수 있으므로 강제경매가 된다.

- 전세권은 건물에만 효력이 미치지만(즉, 건물에 대해서만 배당받을 수 있다고 하지만), 아파트, 연립, 다세대 등의 구분건물에서는 전세권자도 대지의 환가대금에서도 배당받을 수 있다. 단, 단독주택의 일부에만 설정된 전세권은 예외다.

- 전입과 점유를 하지 않고도 전세권설정이 가능하다.

- 선순위 전세권자가 경매신청을 하고 배당요구를 하면 말소기준권리로 볼 수도 있다.

- 전세권은 반드시 등기를 해야 한다. 전세라는 것은 단지 임차권에 불구하기 때문에 등기를 하지 않는다. 그렇지만, 전세권은 전세권설정계약과 등기에 의해 취득할 수 있다. (민법 제186조)

- 전세권은 최장기 10년을 넘어 존속기간을 정할 수 없고, 주택의 경우 최단기 1년 이하의 전세권은 설정할 수 없다.

- 만일 선세권실징을 하면서 존속기간을 약정하지 않은 경우에는 기간의 약정이 없는 전세권이 되며, 이때 각 당자자는 언제든지 상대방에 대하여 전세권의 소멸을 통고할 수 있고, 통고한 날로부터 6개월이 경과하면 전세권은 소멸한다. (민법 제313조)

- 전세권설정은 임대인의 동의가 필요하나 임대인 동의 없이 이전이 가능하다.
- 전세권자는 전세권등기를 마친 후 이사를 하고 주민등록을 옮겼을지라도 그 효력은 계속 유지되며, 이 전세권을 이전받은 제3자도 같은 권리를 가질 수 있다.
- 단독주택 등의 일부만 전세권이 설정된 경우 임의경매를 신청할 수 없고, 확정판결문을 받아 건물 전체에 대한 강제경매신청을 해야 한다.
- 후순위 전세권자는 배당요구를 하지 않아도 배당에 참여할 수 있다.
- 전세권설정자가(임대인) 전세권(임차인)자에게 존속기간 만료 전 6개월에서 1개월 사이에 갱신거절의사 표시를 하지 않으면 전세기간이 만료되어도 이전의 전세권과 동일한 조건으로 다시 전세권을 설정한 것으로 보는 것을 '묵시적 갱신'이라고 한다.

전세권등기	임차권등기
1. 기간만료 전에 신청할 수 있다.	1. 반드시 기간만료 후에 신청할 수 있다.
2. 임대인의 동의가 필요하나 승계를 할 때는 임대인의 동의가 필요 없다.	2. 임대인의 동의 없이 단독으로 신청할 수 있다.
3. 등기부등본에 등기가 된다.	3. 등기부등본에 등기가 된다.
4. 전세권설정 후 전입과 점유를 상실하면, 전세권 효력은 가지나 대항력은 잃는다.	4. 임차권등기 설정 후 전입과 점유를 상실하여도 대항력은 그대로 유지된다.
5. 경매신청의 권한을 가진다.	5. 경매신청의 권한이 없다.
6. 따로 확정일자를 받을 필요가 없다. 전세권설정서의 등기필증 접수인이 확정일자로도 인정받는다.	6. 우선변제권의 조건을 구비해야 배당에 참여를 할 수 있다. 그러나 따로 배당요구를 하지 않아도 배당에 참여를 할 수 있다. 단, 경매개시결정등기 이후의 임차권등기권자는 배당요구를 해야 배당에 참여할 수 있다.
7. 전세권은 경매신청을 하거나 배당신청을 하면 소멸한다. 단 대항력을 갖춘 전세권자일 경우 임차인으로서의 권리도 가진다.	7. 새로 전입한 임차인은 전 임차권등기가 말소되지 않으면 소액임차인으로서의 권리를 주장할 수 없다. 즉, 최우선변제권을 가질 수 없고, 우선변제권으로 배당에 참여할 수 있다.
8. 전세권의 존속기간은 10년을 넘길 수 없으며 1년 미만 전세권설정을 할 수가 없다. 기간의 정함이 없을 시 임대인이나 전세권자는 언제든지 전세권소멸을 요구할 수 있으며, 통고받은 날로부터 6개월이 지나면 소멸한다.	8. 미등기건물과 무허가건물에는 임차권등기를 할 수 없다. 주택임대차보호법으로 이런 건물의 임차인도 보호를 받지만 임차권등기는 등기된 건물에만 가능하다.
9. 건물에만 설정된 전세권은 대지의 부분에 대해 변제받을 수 없다. 구분건물은 예외	

참고
전세와 전세권은 다르다. 전세라는 것은 일정한 기간 동안 임대차계약을 하고 일정한 금액을 보증금으로 내고 거주하는 것을 말한다.

선순위의 지상권

지상권이란 타인의 땅에 건물 기타 공작물이나 수목을 소유하기 위하여 그 토지를 사용할 수 있는 권리를 말하는데, 토지소유자(지상권설정자)와 토지를 사용하려는 자(지상권자) 간에 지상권을 설정한다는 물권적 합의와 지상권등기를 함으로써 성립된다. (민법 제279조)

대개 지하철, 임야 또는 토지 위에 송전탑을 설치할 때 이 지상권을 설정한다. 선순위의 지상권은 인수되며 토지의 사용에 제약이 있다.

지상권은 지상권 설정기간 동안 토지 반환요구청구를 할 수 없고 지상권 존속기간이 끝났을 경우 지상권자는 지상권의 기간을 갱신청구할 수 있고, 이에 토지소유자가 응하지 않을 경우 지상권 만료 당시 현존하는 지상물을 토지소유자에게 매수청구 할 수 있다. (민법

제283조 제1항, 제2항)

지상권의 존속기간은 견고한 건물이나 수목의 경우 30년, 그 밖의 건물일 경우 15년, 공작물일 경우 5년이다.

경매투자시 알아두어야 할 지상권
보통 토지를 담보로 대출을 해주는 금융권에서 저당권을 설정하면서 지상권을 설정한다. 저당권자의 동의 없이 건물을 짓거나 대여, 다른 권리를 설정하지 못하게 하기 위함이다. 이렇게 설정된 지상권은 저당권과 함께 소멸된다.

토지의 저당권이
건물 경락자에게 인수되는 경우

토지별도등기 경우

토지별도등기는 집합건물이 신축되기 이전에 집합건물의 대지권인 토지에 근저당, 가압류, 압류등기의 권리가 설정되면 '토지별도등기있음'을 기재한다.

"구분소유자의 대지사용권은 그가 가지는 전유부분의 처분에 따른다."(집한건물의 소유 및 관리에 관한 법률 제20조)

이는 건물에 대한 대지사용권의 처분에 있어서 종속성이 있는 것이며 구분소유자는 그가 가지는 전유부분과 분리하여 대지사용권을 처분할 수 없다고 명시하며 건물과 대지의 분리를 금지하고 있다.

토지별도등기가 발생하는 이유 중 하나는 토지소유자가 건물을 건축하기 전에 토지에 저당을 설정하고는 변제하지 않는 경우이고 또 하나는 채권자가 토지에 가압류등기를 설정한 경우이다.

집합건물의 대지권 대상인 토지에 저당권이나 가압류가 설정되어 있을 때 그 권리관계를 알리기 위하여 집합건물등기부에 기재하게 된다.

더 자세한 내용은 토지등기부를 보면 된다.

토지별도등기 있는 건물의 일부만 매각되는 경우

한 동의 다세대 중에 일부만 경매에 나오는 경우가 되며 종종 매수인이 인수하게 되는 경우가 있으니 주의해야 한다.

인수하게 되는 경우

집합건물 중 일부 구분건물에 대한 경매신청채권자가 건물과 그 대지권에 경매신청을 할 경우 구분건물이 경락되어도 전체 집합건물의 토지에 설정된 저당권이 소멸하는 것이 아니다. 이럴 때 토지에 대한 저당권을 인수해야 한다는 '특별매각조건'을 붙인다. (민사소송법 제623조)

그러므로 '특별매각조건'이 있는 경우 유의해야 한다.

왜냐하면, 매수인이 경락받은 후 토지에 대한 저당권은 여전히 존속하기 때문에 토지 저당권자가 저당권을 실행하면 건물이 철거될 수도 있다.

인수되지 않는 경우

경락이 된 후 토지의 저당권이 그대로 존속된다면 그만큼 매각대금이 저감되게 되며 또한 건물을 철거하게 된다면 경제적 손실이 크므로 민사집행법 시행 이후 토지별도등기권자에게 권리신고를 하게 하고 그 지분만큼 배당을 한 후 토지별도등기를 소멸시키기도 한다. 이 경우 대개 인수조건이 없다.

토지별도등기가 있는 경우

1. 토지별도등기권자가 채권신고를 하고 배당에 참여하면 인수할 것이 없다.
2. 인수조건이면 건물이 철거될 수도 있으므로 유의해야 한다.
3. 토지별도등기가 형식적으로 남아 있는 경우도 종종 있으므로 반드시 토지등기부등본을 열람하는 것이 좋다.

참고

아파트 대지가 구분되어 있지 않고 전체에 토지별도등기가 되어 있으면 조심해야 한다.

Part 7

권리분석 67제 문제풀이

권리분석 문제풀이

　권리분석을 제대로 하기 위한 연습문제들이다. 그 어떤 것보다 중요한 부분이다. 문제를 풀어가며 제대로 이해되지 않는 부분은 앞서 공부했던 것들을 다시 공부하기 바란다.

　권리분석을 완전히 이해하고 있어야 제대로 경매에 임할 수 있다. 그리고 자신감도 생길 것이다. 하루에 다섯 문제씩만 풀어보자. 자신 있는 분들은 10문제씩 풀어도 좋다. 답안은 '부록'에 실려 있는데 만약 잘 모르겠다면 앞의 내용을 다시 살펴본 후 문제를 풀자.

Have fun with it!

권리분석 제1탄
인수와 소멸

　여기에서는 매수자가 낙찰(매각)할 경우, 다음의 문제에서 '설정일자', '권리내용'을 살펴보고, 인수해야 하는지 아니면 소멸되는지를 '인수/소멸'란에 적도록 한다. 인수해야 한다면 '인수' 표시를, 소멸되면 '소멸'을 표시하여 인수해야 하는 권리인지, 소멸되는 권리인지 각각 기입해보자. 아울러 어떤 권리가 '말소기준권리'인지 '말소기준권리'란에도 적어넣어 보자.

　'말소기준등기'가 될 수 있는 것은, (근)저당권등기, 압류등기, 가압류등기, 담보가등기, (강제)경매개시결정등기 등이 있는데, 이 중 설정일자가 가장 빠른 등기(권리)를 말소기준권리 부분에 적으면 된다. '문제 1'은 예로 적어놓았다. 참고하여 다음에 이어지는 문제들을 풀어보자.

　＊부분 인수, 부분 소멸은 '인수/소멸' 두 가지를 모두 적자.

문제 1 (예)

설정일자	권리내용	인수/소멸	비고	말소기준권리
2005.5.11	근저당	소멸	경매신청	말소기준권리
2005.6.12	임차인	소멸		
2006.1.2	압류	소멸		
2006.5.30	가압류	소멸		
2006.9.20	임의경매	소멸		

문제 2

설정일자	권리내용	인수/소멸	비고	말소기준권리
2006.2.3	가압류			
2006.4.25	근저당		경매신청	
2006.7.12	임차인			
2007.1.2	임의경매			

문제 3

설정일자	권리내용	인수/소멸	비고	말소기준권리
2005.3.21	가등기		경매신청	
2005.4.22	가압류			
2005.5.15	근저당			
2006.1.17	압류			
2006.5.23	임의경매			

문제 4

설정일자	권리내용	인수/소멸	비고	말소기준권리
2006.2.22	강제경매기입등기		경매신청	
2006.3.3	가등기			
2006.4.11	임차인			
2006.5.9	강제경매			

문제 5

설정일자	권리내용	인수/소멸	비고	말소기준권리
2005.7.2	가등기		신고 없음	
2005.7.11	근저당		경매신청	
2005.7.12	가압류			
2006.8.9	압류			
2006.12.21	임의경매			

문제 6

설정일자	권리내용	인수/소멸	비고	말소기준권리
2004.3.12	압류			
2004.6.22	가등기		경매신청	
2005.3.21	가압류			
2005.4 9	임차인			
2005.7.8	임의경매			

문제 7

설정일자	권리내용	인수/소멸	비고	말소기준권리
2005.2.12	지상권			
2005.6.25	가등기		경매신청	
2005.7.29	근저당			
2005.8.8	가압류			
2006.1.2	임의경매			

문제 8

설정일자	권리내용	인수/소멸	비고	말소기준권리
2003.5.12	전세권		배당요구 안 함	
2005.6.20	가압류			
2005.7.11	근저당		경매신청	
2005.8.19	가압류			
2006.7.14	임의경매			

문제 9

설정일자	권리내용	인수/소멸	비고	말소기준권리
2004.5.23	근저당		경매신청	
2004.6.17	가처분			
2004.8.13	가압류			
2005.9.21	임차인			
2006.10.28	임의경매			

문제 10

설정일자	권리내용	인수/소멸	비고	말소기준권리
2004.5.23	가처분			
2004.6.17	근저당		경매신청	
2004.8.13	가압류			
2005.9.21	압류			
2006.10.28	임의경매			

문제 11

설정일자	권리내용	인수/소멸	비고	말소기준권리
2004.5.23	근저당		경매신청	
2004.6.17	가압류			
2004.8.13	가처분		건물 철거에 대한	
2005.9.21	임차인			
2006.10.28	임의경매			

문제 12

설정일자	권리내용	인수/소멸	비고	말소기준권리
2004.5.23	가등기		배당신청	
2004.6.17	근저당		경매신청	
2004.8.13	지상권			
2005.9.21	가압류			
2006.10.28	임의경매			

문제 13

설정일자	권리내용	인수/소멸	비고	말소기준권리
2004.5.23	예고등기		갑구	
2004.6.17	근저당		경매신청	
2004.8.13	임차인			
2005.9.21	가압류			
2006.10.28	임의경매			

문제 14

설정일자	권리내용	인수/소멸	비고	말소기준권리
2004.5.23	근저당		경매신청	
2004.6.17	임차인			
2004.8.13	예고등기		갑구	
2005.9.21	가압류			
2006.10.28	임의경매			

문제 15

설정일자	권리내용	인수/소멸	비고	말소기준권리
2004.5.23	임차인		배당요구 안 함	
2004.6.17	강제경매기입등기		경매신청	
2004.8.13	임차인			
2005.9.21	가압류			
2006.10.28	강제경매			

문제 16

설정일자	권리내용	인수/소멸	비고	말소기준권리
2004.5.23	근저당			
2004.6.17	가압류		경매신청	
2004.8.13	가등기			
2005.9.21	예고등기		근저당 말소회복의 소 (을구)	
2006.10.28	강제경매			

문제 17

설정일자	권리내용	인수/소멸	비고	말소기준권리
2004.5.23	근저당		경매신청	
2004.6.17	예고등기		근저당 말소의 소 (을구)	
2004.8.13	임차인			
2005.9.21	임차인			
2006.10.28	임의경매			

문제 18

설정일자	권리내용	인수/소멸	비고	말소기준권리
2006.5.23	환매권등기			
2006.6.17	근저당		경매신청	
2006.8.13	임차인			
2007.9.21	가압류			
2007.10.28	임의경매			

문제 19

설정일자	권리내용	인수/소멸	비고	말소기준권리
2004.5.23	근저당		경매신청	
2004.6.17	임차인			
2004.8.13	환매권등기			
2005.9.21	가압류			
2006.10.28	임의경매			

문제 20

설정일자	권리내용	인수/소멸	비고	말소기준권리
2001.5.23	환매권등기			
2004.6.17	가압류			
2004.8.13	근저당		경매신청	
2005.9.21	가압류			
2006.6.28	임의경매			

문제 21

설정일자	권리내용	인수/소멸	비고	말소기준권리
2001.5.23	가압류			
2004.6.17	소유권이전			
2004.8.13	근저당		경매신청	
2005.9.21	가압류			
2006.6.28	임의경매			

문제 22

설정일자	권리내용	인수/소멸	비고	말소기준권리
2001.5.23	가압류			
2001.6.17	소유권이전			
2001.8.13	근저당			
2001.9.21	가압류		경매신청	
2001.10.28	강제경매			

문제 23

설정일자	권리내용	인수/소멸	비고	말소기준권리
2001.5.23	가압류		경매신청	
2001.6.17	소유권이전			
2001.8.13	근저당			
2001.9.21	가압류			
2001.10.28	강제경매			

문제 24

설정일자	권리내용	인수/소멸	비고	말소기준권리
2001.5.23	가압류			
2001.6.17	근저당		경매신청	
2001.8.13	소유권이전			
2001.9.21	가압류			
2001.10.28	임의경매			

문제 25

설정일자	권리내용	인수/소멸	비고	말소기준권리
2001.5.23	가압류			
2001.6.17	임차인			
2001.8.13	근저당		경매신청	
2001.9.21	소유권이전			
2001.10.28	가압류			
2001.11.12	임의경매			

문제 26

설정일자	권리내용	인수/소멸	비고	말소기준권리
2001.5.23	근저당		경매신청	
2001.6.17	가압류			
2001.8.13	압류			
2001.9.21	소유권이전			
2001.10.28	임차인			
2001.11.12	임의경매			

권리분석 제2탄
더 복잡한 권리분석 문제

다음에 이어지는 문제들은 앞의 문제보다 조금 더 복잡한 권리분석 문제를 실었다. 하나하나 풀어보자. 여기서도 '인수/소멸', '말소기준권리' 란에 해당 사항을 각각 적어보자.

문제 27

설정일자	권리내용	인수/소멸	비고	말소기준권리
2004.5.23	가압류			
2004.6.17	근저당		경매신청	
2004.8.13	가등기			
2005.9.21	환매권등기			
2005.10.28	가압류			
2005.11.21	압류			
2006.2.23	임의경매			

문제 28

설정일자	권리내용	인수/소멸	비고	말소기준권리
2004.5.23	가등기			
2004.6.17	근저당		경매신청	
2004.8.13	가압류			
2005.9.21	가처분			
2005.10.28	임차인			
2005.11.21	압류			
2006.2.23	임의경매			

문제 29

설정일자	권리내용	인수/소멸	비고	말소기준권리
2004.5.23	압류			
2004.6.17	근저당		경매신청	
2004.8.13	전세권			
2005.9.21	가처분			
2005.10.28	지상권			
2005.11.21	가압류			
2006.2.23	임의경매			

문제 30

설정일자	권리내용	인수/소멸	비고	말소기준권리
2004.5.23	전세권		배당요구 없음	
2004.6.17	근저당		경매신청	
2004.8.13	가압류			
2005.9.21	임차인			
2005.10.28	가처분			
2005.11.21	예고등기		갑구	
2006.2.23	임의경매			

문제 31

설정일자	권리내용	인수/소멸	비고	말소기준권리
2004.5.23	전세권		경매신청	
2004.6.17	임차인		배당요구 없음	
2004.8.13	근저당			
2005.9.21	임차인			
2005.10.28	가처분			
2005.11.21	가압류			
2006.2.23	강제경매			

문제 32

설정일자	권리내용	인수/소멸	비고	말소기준권리
2004.5.23	가압류		경매신청	
2004.6.17	지상권			
2004.8.13	근저당			
2005.9.21	임차인			
2005.10.28	가처분			
2005.11.21	가압류			
2006.2.23	강제경매			

문제 33

설정일자	권리내용	인수/소멸	비고	말소기준권리
2004.5.23	임차인		배당요구 안 함	
2004.6.17	근저당		경매신청	
2004.8.13	근저당			
2005.9.21	임차인		배당요구 안 함	
2005.10.28	가압류			
2005.11.21	가압류			
2006.2.23	임의경매			

문제 34

설정일자	권리내용	인수/소멸	비고	말소기준권리
2004.5.23	임차인		배당요구	
2004.6.17	임차인		배당요구 안 함	
2004.8.13	가등기		배당요구	
2005.9.21	임차인		배당요구	
2005.10.28	가압류		경매신청	
2005.11.21	가압류			
2006.2.23	강제경매			

문제 35

설정일자	권리내용	인수/소멸	비고	말소기준권리
2004.5.23	임차권등기			
2004.6.17	근저당		경매신청	
2004.8.13	가등기			
2005.9.21	임차인			
2005.10.28	임차인			
2005.11.21	가압류			
2006.2.23	임의경매			

문제 36

설정일자	권리내용	인수/소멸	비고	말소기준권리
2004.5.23	임차권등기		경매신청	
2004.6.17	근저당			
2004.8.13	가등기			
2005.9.21	임차인			
2005.10.28	임차인			
2005.11.21	가압류			
2006.2.23	강제경매			

문제 37

설정일자	권리내용	인수/소멸	비고	말소기준권리
2004.5.23	강제경매기입등기		경매신청	
2004.6.17	임차권등기		배당요구 없음	
2004.8.13	임차인			
2005.9.2	강제경매			

문제 38

설정일자	권리내용	인수/소멸	비고	말소기준권리
2004.5.23	전세권(3층)		건물일부에 설정	
2004.6.17	임차인(2층)		배당요구 안 함	
2004.8.13	임차인(1층)		배당요구 안 함	
2005.9.21	근저당		경매신청	
2005.10.28	가압류			
2005.11.21	가압류			
2006.2.23	임의경매			

문제 39

설정일자	권리내용	인수/소멸	비고	말소기준권리
2004.5.23	전세권(3층)		배당요구	
2004.6.17	임차인(2층)		배당요구 안 함	
2004.8.13	임차인(1층)		배당요구 안 함	
2005.9.21	근저당		경매신청	
2005.10.28	가압류			
2005.11.21	가압류			
2006.2.23	임의경매			

문제 40

설정일자	권리내용	인수/소멸	비고	말소기준권리
2004.5.23	전세권(3층)		경매신청	
2004.6.17	임차인(2층)		배당요구	
2004.8.13	임차인(1층)		배당요구	
2005.9.21	근저당			
2005.10.28	가압류			
2005.11.21	예고등기		갑구	
2006.2.23	강제경매			

문제 41

설정일자	권리내용	인수/소멸	비고	말소기준권리
2001.5.23	환매권등기			
2004.6.17	가압류		경매신청	
2004.8.13	임차인			
2005.9.21	근저당			
2005.10.28	예고등기		을구	
2005.11.21	압류			
2006.2.23	강제경매			

임차인 권리관계

제3탄에서는 임차인들의 주민등록 전입과 점유 그리고 확정일자의 유무에 따른 권리관계를 따져 보자. 가장 중요한 부분이다.

• 주민등록전입 → 전입, 점유 → 점, 확정일자 → 확, 사업자등록 → 사, 배당요구 → 배, 배당요구가 없을 경우는 '배'자의 표시가 없음

• 전액 인수 → 인수, 부분 인수 → 부, 소멸 → 소

등과 같이 약어로 표시하였다. '인수/소멸/부', '말소기준권리' 란에 권리관계를 파악한 후 각각 적어보자.

문제 42

설정일자	권리내용	인수/소멸/부	비고	말소기준권리
2004.5.23	근저당		경매신청	
2004.6.17	가압류			
2004.8.13	임차인		전입/점/확/배	
2005.9.21	임의경매			

문제 43

설정일자	권리내용	인수/소멸/부	비고	말소기준권리
2004.5.23	임차인		전입/점/확/배	
2004.6.17	가압류		경매신청	
2004.8.13	임차인		전입/점/확/배	
2005.9.21	강제경매			

문제 44

설정일자	권리내용	인수/소멸/부	비고	말소기준권리
2004.5.23	임차인		전입/점/확	
2004.6.17	근저당		경매신청	
2004.8.13	임차인		전입/점/확/배	
2005.9.21	임의경매			

문제 45

설정일자	권리내용	인수/소멸/부	비고	말소기준권리
2004.5.23	임차인		전입/점/배	
2004.6.17	근저당		경매신청	
2004.8.13	임차인		전입/점/확/배	
2005.9.21	임의경매			

문제 46

설정일자	권리내용	인수/소멸/부	비고	말소기준권리
2004.5.23	임차인		전입/점	
2004.6.17	근저당		경매신청	
2004.8.13	임차인		전입/점/확	
2005.9.21	임의경매			

문제 47

설정일자	권리내용	인수/소멸/부	비고	말소기준권리
2004.5.23	임차인		전입/확/배	
2004.6.17	가등기		경매신청	
2004.8.13	임차인		전입/점/확/배	
2005.9.21	임의경매			

문제 48

설정일자	권리내용	인수/소멸/부	비고	말소기준권리
2004.5.23	임차인		전입/점/확	
2004.6.17	임차인		전입/점/배	
2004.8.13	가압류		경매신청	
2005.9.21	강제경매			

문제 49

설정일자	권리내용	인수/소멸/부	비고	말소기준권리
2004.5.23	임차인		사/점/확/배	
2004.6.17	근저당		경매신청	
2004.8.13	가압류			
2005.9.21	임의경매			

문제 50

설정일자	권리내용	인수/소멸/부	비고	말소기준권리
2004.5.23	임차인		사/점/배	
2004.6.17	근저당		경매신청	
2004.8.13	압류			
2005.9.21	임의경매			

문제 51

설정일자	권리내용	인수/소멸/부	비고	말소기준권리
2004.5.23	근저당		경매신청	
2004.6.17	가압류			
2004.8.13	임차인		사/점/확/배	
2005.9.21	임차인		사/점	
2006.1.1	임의경매			

물권과 채권의 '배당' 연습문제

물권은 시간순으로 배당되는 것이 원칙이며, 채권은 안분배당이 원칙이다. 여기서 제시한 내용은, 경매비용에 대한 부분을 감안하지 않은 '배당' 연습문제이다.

문제 52 | 배당금액 1억 원

설정일자	권리내용	배당금액	비고	소멸/인수	말소기준권리
2002.10.3	저당권 갑 6,000만 원		경매신청		
2004.6.17	저당권 을 4,000만 원				
2004.8.13	가압류 병 2,000만 원				
2005.9.21	임의경매				

문제 53 | 배당금액 1억 원

설정일자	권리내용	배당금액	비고	소멸/인수	말소기준권리
2002.10.3	저당권 갑 6,000만 원		경매신청		
2004.6.17	가압류 을 3,000만 원				
2004.8.13	저당권 병 2,000만 원				
2005.9.21	임의경매				

문제 54 | 배당금액 1억 원

설정일자	권리내용	배당금액	비고	소멸/인수	말소기준권리
2002.10.3	가등기 갑 6,000만 원		경매신청		
2004.6.17	가압류 을 3,000만 원				
2004.8.13	가압류 병 2,000만 원				
2005.9.21	임의경매				

문제 55 | 배당금액 1억 원

설정일자	권리내용	배당금액	비고	소멸/인수	말소기준권리
2002.10.3	가압류 갑 6,000만 원		경매신청		
2004.6.17	가압류 을 3,000만 원				
2004.8.13	가압류 병 2,000만 원				
2005.9.21	강제경매				

문제 56 | 배당금액 1억 원

설정일자	권리내용	배당금액	비고	소멸/인수	말소기준권리
2002.10.3	가압류 갑 6,000만 원		경매신청		
2004.6.17	근저당 을 3,000만 원				
2004.8.13	가압류 병 2,000만 원				
2005.9.21	강제경매				

문제 57 | 배당금액 1억 원 (서울지역 임차인)

설정일자	권리내용	배당금액	비고	소멸/인수	말소기준권리
2002.10.3	근저당 갑 6,000만 원		경매신청		
2004.6.17	임차인 을 3,000만 원		전입/점/확/배		
2004.8.13	근저당 병 2,000만 원				
2005.9.21	임의경매				

문제 58 | 배당금액 1억 원 (서울지역 임차인)

설정일자	권리내용	배당금액	비고	소멸/인수	말소기준권리
2002.10.3	가압류 갑 6,000만 원		경매신청		
2004.6.17	임차인 을 4,000만 원		전입/점/확/배		
2004.8.13	가압류 병 2,000만 원				
2005.9.21	강제경매				

문제 59 | 배당금액 1억 2,000만 원 (서울지역 임차인)

설정일자	권리내용	배당금액	비고	소멸/인수	말소기준권리
2002.10.3	가등기 갑 7,000만 원		경매신청		
2004.6.17	임차인 을 4,000만 원		전입/점/확/배		
2004.8.13	임차인 병 2,000만 원		전입/점/확/배		
2005.9.21	임의경매				

문제 60 | 배당금액 7,000만 원 (서울지역 임차인)

설정일자	권리내용	배당금액	비고	소멸/인수	말소기준권리
2002.10.3	임차인 갑 4,000만 원		전입/점/배		
2004.6.17	근저당 을 3,500만 원		경매신청		
2004.8.13	임차인 병 2,000만 원		전입/점/확/배		
2005.9.21	임의경매				

문제 61 | 배당금액 7,000만 원 (시울지역 임차인)

설정일자	권리내용	배당금액	비고	소멸/인수	말소기준권리
2002.10.3	임차인 갑 4,000만 원		전입/점/배		
2004.6.17	가압류 을 3,500만 원		경매신청		
2004.8.13	임차인 병 2,000만 원		전입/점/확/배		
2005.9.21	강제경매				

문제 62 | 배당금액 8,000만 원 (서울지역 임차인)

설정일자	권리내용	배당금액	비고	소멸/인수	말소기준권리
전입: 2002.11.22 점유: 2002.11.22 확정일자: 2002.11.24	임차인 갑 4,000만 원		배당요구		
2002.11.23	근저당 을 3,500만 원		경매신청		
2004.8.13	가압류 병 1,000만 원				
2005.9.21	임의경매				

문제 63 | 배당금액 8,000만 원 (서울지역 임차인)

설정일자	권리내용	배당금액	비고	소멸/인수	말소기준권리
전입: 2002.11.22 점유: 2002.11.22 확정일자: 2002.11.24	임차인 갑 5,000만 원		배당요구		
2002.11.23	근저당 을 3,500만 원		경매신청		
2004.8.13	가압류 병 1,000만 원				
2005.9.21	임의경매				

문제 64 | 배당금액 8,000만 원 (서울지역 임차인)

설정일자	권리내용	배당금액	비고	소멸/인수	말소기준권리
2003.9.11	근저당 갑 5,000만 원		경매신청		
전입: 2003.9.11 점유: 2003.9.11 확정일자: 2003.9.11	임차인 을 3,500만 원		배당요구		
2004.8.13	가압류 병 1,000만 원				
2005.9.21	임의경매				

문제 65 | 배당금액 8,000만 원 (서울지역 임차인)

설정일자	권리내용	배당금액	비고	소멸/인수	말소기준권리
2003.9.11	가압류 갑 5,000만 원		경매신청		
전입: 2003.9.11 점유: 2003.9.11 확정일자: 2003.9.11	임차인 을 3,500만 원		배당요구		
2004.8.13	가압류 병 1,000만 원				
2005.9.21	강제경매				

문제 66 | 배당금액 1억 원 (서울지역 임차인)

설정일자	권리내용	배당금액	비고	소멸/인수	말소기준권리
전입: 2004.9.12 점유: 2004.9.12 확정일자: 2004.9.16	임차인 갑 4,000만 원		배당요구		
전입: 2004.9.13 점유: 2004.9.13 확정일자: 2004.9.13	임차인 을 3,000만 원		배당요구		
2004.9.17	근저당 병 4,000만 원		경매신청		
2005.9.21	임의경매				

문제 67 | 배당금액 1억 2천만 원 (서울지역 임차인)

설정일자	권리내용	배당금액	비고	소멸/인수	말소기준권리
전입: 2004.9.13 점유: 2004.9.13 확정일자: 2004.9.18	임차인 A 4,000만 원		배당요구		
2004.9.15	가압류 B 2,000만 원				
2004.9.17	근저당 C 3,000만 원		경매신청		
전입: 2004.9.18 점유: 2004.9.17 확정일자: 2004.9.19	임차인 D 2,000만 원		배당요구		
전입: 2004.10.11 점유: 2004.10.11 확정일자: 2004.10.11	임차인 E 1,000만 원		배당요구		
2004.10.15	가압류 F 500만 원				
2005.12.12	임의경매				

처음 시작되는 '권리분석 제1탄' 문제는 손쉽게 풀었을 것이다. 하지만, 마지막까지 이어지는 문제는 좀 더 많은 고민을 하면서 앞의 내용을 다시 찾아보며 풀었을 것으로 보인다.

부록에 이에 대한 정답과 해설을 수록하였다. 하지만, 67제 문제 풀이가 시원찮게 풀렸거나, 잘 모르겠다면 앞의 첫 페이지부터 다시 다 읽어본 후 문제를 풀고 확실하게 이해한 후 다음 장으로 넘어갈 것을 권한다.

자, 그럼 다음에 이어질 '등기부에 등기되지 않는 권리들'을 살펴보자.

Part 8

등기부에
등기되지 않는 권리들

등기부에 등기되지 않는 권리들

등기부에 등기되지 않으면서도 경락자가 인수해야 하는 권리들이 있다. 이런 숨어 있는 권리관계를 잘못 분석하였다간 큰 손실과 정신적 고통이 따를 수 있으므로 항상 주의해야 한다. 이어지는 내용을 통해 자세히 살펴보자.

등기부에 나타나지 않는 권리들
- 법정지상권
- 유치권
- 대지권미등기
- 분묘기지권
- 토지별도등기
- 제시 외 건물

등이 있다.

법정지상권

오랫동안 경매를 해 온 사람들도 법정지상권에 대한 권리분석을 어려워한다. 법정지상권의 성립여부가 여러 가지 상황에 따라 달라지기 때문이기도 하고, 어떤 부분은 오랫동안 논란을 거듭하다 성립여부가 바뀐 경우도 있기 때문이다.

법정지상권이 성립된다고 생각하고 입찰을 포기하였는데 실제론 성립되지 않는 경우도 있어 큰 수익을 얻을 수 있는 기회를 놓치기도 한다.

경매의 고수들이 수익을 가장 많이 얻을 수 있는 부동산은 단연코 '법정지상권 성립여부있음(확인)'이라는 표제가 달린 것이다. 남들보다 앞서가는 것은 그들이 남들보다 용기와 끈기가 있어서 일 것이다. 여러분도 이 부분을 잘 공부해서 언젠가 고수들이 펼치는 진검승부에 도전해보기를 바란다.

법정지상권

앞 부분에서 타인의 토지 위에 건물이나 수목 등을 소유하기 위하여 등기부등본에 지상권을 설정한다고 하였다.

하지만, 법정지상권은 등기를 하지 않아도 되는 권리이므로 등기부등본에 나타나지 않으며, 토지소유자에게 일정액의 지료를 내고 최장 30년 동안 해당 토지를 사용할 수 있는 권리이다.

법정지상권은 토지의 소유자와 건물의 소유자가 동일인에서 경매 등으로 각각 상이하게 되었을 경우, 건물을 철거하지 않고 그대로 유지시키고자 하는 취지로 만들어진 권리이다. 토지소유자가 무작위로 건물을 철거하면 그만큼 사회적으로 경제적 손실이 크기 때문이다.

법정지상권을 가진 건물소유자는 토지사용권을 취득하는 것이며 지료는 당사자의 청구에 의하여 법원이 이를 정한다.

법정지상권의 성립요건

법정지상권은 다음과 같은 요건들을 갖추어야 한다.

❶ 저당권설정 당시 건물이 존재해야 한다.

❷ 저당권설정 당시 토지와 건물의 소유자가 동일해야 한다.

❸ 토지와 건물 중 하나, 또는 양쪽 저당권이 설정되어야 한다.

❹ 경매로 인하여 건물소유자와 토지소유자가 달라져야 한다.

❺ 매매로 인하여 소유자가 다르게 되었을 경우는 민법에서의 특
   별법의 법정지상권 요건을 충족시키지 못한다. 하지만, 관습법
   상의 법정지상권은 인정된다.

첫째, 저당권설정 당시 건물이 존재해야 한다.

이 경우 나대지 상태의 토지가격과 건물이 있는 상태의 토지가격
에는 차이가 있다. 보통 건물이 있는 경우보다 나대지 상태인 경우
토지의 가격을 더 높이 책정하는 편이다.

그래서 저당권을 설정할 때 나대지인 상태에는 그만큼의 가격을 인정하고 저당금액을 설정해주고, 건물이 있을 경우 그만큼의 차익분만큼 저당금액을 차감하는 것이다.

그런데 건물은 건축 중이어도 상관이 없고 등기가 되지 않은 상태로도 육안으로 인식되어질 수 있는 만큼의 건물이 존재하고 있으면 그 건물은 법정지상권을 가진다. 저당권자가 이미 그 토지 위에 건물이 존재함을 충분히 파악할 수 있기 때문이다.

둘째, 저당권설정 당시 토지와 건물의 소유자가 동일해야 한다.

이 경우는 저당권설정 당시 소유자가 동일해야 하고 이후에 소유자가 달라져도 법정지상권은 인정된다. 하지만, 저당권설정 당시 이미 토지소유주와 건물소유주가 다르다면 법정지상권은 인정되지 않는다.

그리고 동일한 소유권은 등기부상이어야 하며 실질상 소유권과는 거리가 멀다. 실질적으로 동일한 소유자이나 건물이나 토지 중에 등기부상에 다른 이의 명의로 되어 있다면 법정지상권은 인정되지 않는다.

셋째, 토지와 건물 중 하나, 또는 양쪽 저당권이 설정되어야 한다.

넷째, 경매로 인하여 건물소유자와 토지소유자가 달라져야 한다.

다섯째, 매매로 인하여 소유자가 다르게 되었을 경우는 민법에서의 특별법의 법정지상권 요건을 충족시키지 못한다. 하지만, 관습법상의 법정지상권은 인정된다.

이 경우는 다음 판례를 참고하도록 한다.

토지와 지상건물이 동일인의 소유에 속해 있다가 각각 그 소유자를 달리하게 되는 경우에 성립하는 관습상의 지상권은 그 경우 당사자의 사이에 건물을 철거하기로 하는 등의 특별조건이 없다면 토지소유자는 건물소유자에게 그 건물소유를 위한 지상권을 설정하여 주기로 한 의사가 있었던 것이라고 해석하여 인정되는 권리이다.

(대판 1986.5.27. 86다카62)

법정지상권의 성립여부

건물이 철거되고 신축된 경우, 법정지상권은 성립될까?

토지와 건물에 모두 저당권이 설정된 상태에서 구건물을 철거하고 건물을 신축하였을 경우에 건물과 토지가 따로 경매로 나왔을 경우 법정지상권은 성립되지 않는다. 하지만, 토지에만 저당권이 설정되고 구건물이 철거되고 신축된 신축건물일 경우에 토지만 경매로 나왔어도 그 신축건물은 법정지상권을 가진다.

왜냐하면, 저당권자가 이미 법정지상권을 인정한 상태에서 담보가치를 지배하였기 때문이다.

> 토지에 관하여 저당권이 설정될 당시 그 지상에 건물이 토지소유자에 의해 건축 중이었고 그것이 사회통념상 독립된 건물로 볼 수 있는 정도에 이르지 않았다 하더라도 건물의 규모, 종류가 외형상 예상할 수 있을 정도로 건축이 진전되어 있는 경우에는 법정지상권의 성립을 인정한다.　　　　　（2003.5.30. 2002다21592호 판결）

■ 법정지상권이 성립한 후 건물이 증축 또는 개축되는 경우
법정지상권을 가지는 건물은 증축, 개축하더라도 법정지상권이 인정된다.

■ 법정지상권자가 토지소유자와 임대차계약을 맺었을 경우
이럴 경우는 법정지상권의 포기로 간주된다.

■ 미등기 건물이나 무허가 건물의 법정지상권 성립여부는?
건축물로 일정한 요건을 갖춘 건물이라면, 미등기 건물이나 무허가 건물이라도 법정지상권은 성립한다.

■ 공유지분이 경매로 나왔을 경우, 법정지상권은 성립될까?
다른 공유자의 이익을 침해한다는 이유로 공유지분에 대한 법정지상권을 인정해주지 않고 있다. 하지만, 단 한 사람의 토지소유 위에 건물이 공유물일 경우 토지소유자의 건물지분에 설정된 저당권이 실행된 경우는 법정지상권이 인정된다.

법정지상권이 성립되는 경우, 지료는 어떻게 산정하는가?

원래는 당자 간의 협의로 지료를 결정하게 되어 있지만 협의가 잘 되지 않는 경우 당사자에게 지료청구소송을 청구하여 법원이 정한다. 보통 시가의 연 5~7%이다. (보통 지료 판결을 받아 정해진다.)

법정지상권자가 지료를 2년 이상 연체하였을 경우 토지소유자는 법정지상권의 소멸을 청구할 수 있으며 지료가 연체되어 법정지상권이 소멸되게 된 경우는 법정지상권자가 토지소유자에게 매수를 청구할 수 없게 된다. 법정지상권이 만료된 경우는 토지소유자에게 매수청권을 행사할 수가 있다.

법정지상권의 효력 및 존속기간

법정지상권의 효력은 어디까지 미치는가?

법정지상권이 인정되는 건물은 건물의 유지 및 사용에 필요한 범위 내에서 그 주변의 토지까지도 그 효력을 가진다.

법정지상권의 존속기간은?

견고한 건물이나 수목은 최소 30년, 보통의 건물은 15년, 공작물인 경우는 5년이다. 설정기간을 정하지 않으면 민법상의 최단기간으로 본다.

> 견고한 건물이란 건물이 갖고 있는 물리적 · 화학적 외력 또는 화재에 대한 저항력 및 건물해체의 난이도 등을 종합하여 판단하여야 한다. 따라서 건물이 목재기둥으로 세워졌다 하더라도 벽체가 벽돌과 시멘트블록으로, 지붕이 슬레이트로 이루어져 있어 상당기간 내구력을 지니고 있고 용이하게 해체할 수 없는 것이면 견고한 건물에 해당하여 그 법정지상권의 존손기간은 30년인 것이다.   (2003.10.10. 2003다33165호 판결)

법정지상권의 종류

수목의 법정지상권

타인의 토지를 사용대차권으로 빌려 그 토지상에 수목을 식재한 경우와 명인에 의해 공시된 수목 그리고 입목법에 등기된 수목은 법정지상권을 가진다.

그 외의 수목은 토지를 낙찰받은 매수자에게 속하게 된다.

단, 농작물은 경작자의 소유로 본다.

전세권보호를 위한 법정지상권 (민법의 법정지상권 1)

법정지상권의 종류에는 여러 가지가 있다. 종류별로 본다면 ❶ 전세권보호를 위한 법정지상권, ❷ 저당권 실행으로 인한 법정지상권 ❸ 가등기 담보권의 실행에 의한 법정지상권 ❹ 관습법상 법정지상권 ❺ (수목의) 입목에 관한 법정지상권 ❻ 분묘기지권(지상권과 유사한 물권)으로 분류할 수 있다. 여기서는 전세권보호를 위한 법정지상권에 대해서 자세히 살펴보자.

전세권보호를 위한 법정지상권은 전세권설정 당시 토지소유자와 건물소유자가 동일인이었으나, 토지의 매매 등으로 소유자가 달라진 경우여야 한다.

비록 건물소유자가 토지소유자에게 건물철거약정을 하였더라도 전세권의 존속기간이 만료되기 전에는 건물을 철거할 수 없으며 법정지상권은 존속된다.

만약 전세권자가 건물철거를 합의한 경우라면 법정지상권은 성립되지 않는다.

건물에 전세권설정시 법정지상권의 여부

대지와 건물이 동일한 소유자에게 속한 경우에 전세권을 설정한 때에는 그 대지 소유권의 특별승계인은 전세권설정자에 대하여 지상권을 설정한 것으로 본다.

(민법 제305조 제1항)

저당권이 설정된 법정지상권 (민법의 법정지상권 2)

동일한 소유주의 토지와 건물 중 또는 양쪽에 저당권이 설정되어 있다가 경매로 인해 소유가 달라질 경우이다.

저당권설정시 법정지상권의 여부

담보가등기의 법정지상권

동일한 소유자의 토지와 건물 중에 담보가등기권이 설정된 후 경매로 인해 소유자가 달라진 경우이다. 담보가등기도 저당권처럼 나대지에 먼저 담보가등기가 설정되고 난 후, 신축된 건물이 나중에 경매로 소유자가 달라지면 법정지상권을 인정받지 못한다.

관습법상의 법정지상권

저당권이나 담보가등기 등이 설정되지 않은 토지와 건물이 동일인에게 속했다가 건물 또는 토지만 강제경매, 공매, 증여, 매매 등으로 소유자가 바뀐 경우 이 건물은 법정지상권을 가진다. (단, 철거약정이 없어야 한다.)

법정지상권 조사시 필요한 서류

1. 토지등기부(구등기, 폐쇄등기부, 전산등기부) : 등기소에서 발급
2. 건물등기부(구등기, 폐쇄등기부, 전산등기부) : 등기소에서 발급(건물 보존등기가 되어 있지 않으면 건축물관리대장을 참조)
3. 건축물관리대장(구대장, 전산대장) : 시·군·구 민원실
4. 가옥대장(구대장, 전산대장) : 시·군·구 민원실
5. 무허가관리대장 : 구청단속계
6. 가옥세과세대장 : 구청세무과

* 법정지상권 여부를 따져 보기 위해서는 위의 서류를 보는 것이 가장 중요하다.

철거소송 절차

법정지상권이 인정되지 않는 건물에 대해 건물주에게 건물철거, 토지인도청구소송 제기하는 절차는 이렇다.

1. 건물에서 퇴거 청구 : 점유자에 대한 퇴거는 퇴거판결부터 먼저 받고난 후 하지만 일반적으로 퇴거와 철거를 하나의 소장에 청구할 수 있다.
2. 건물의 철거 청구
3. 토지의 인도 청구
4. 토지 인도까지 임대료 상당액의 부당이득 반환청구
5. 건물퇴거 및 철거판결이 확정된 경우에 집행관에 의한 대체 집행을 허가받기 위한 대체 집행허가 신청
6. 집행관에 건물퇴거, 대체집행 위임
7. 집행관에 의한 강제퇴거 및 건물철거
8. 건물주에게 집행비용에 대한 신청

법정지상권 성립의 여러 가지 경우들

■ 토지 저당권설정 당시 건물 존재, 건물과 토지 동일인의 소유

■ 건물 저당권설정 당시 건물 존재, 건물과 토지 동일인의 소유

■ 토지 저당권설정 당시 건물 존재, 건물 미등기, 토지만 매각될 경우

■ 나대지 상태에 저당권설정 후 신축하고 토지만 매각될 경우

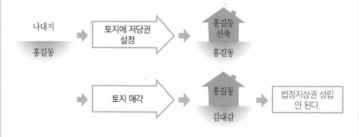

■ 토지를 매입한 후 건물 신축하고, 저당권설정 후 토지만 매각될 경우

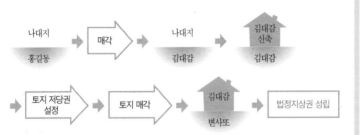

■ 토지에 저당권설정 후 신축건물 그리고 토지에 다른 저당권설정 그리고 토지매각될 경우

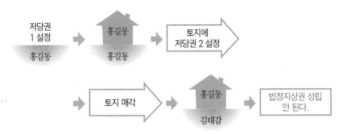

■ 나대지에 근저당설정 후 건물 신축하고 건물에만 다른 근저당설정이 되고 건물이 매각되었을 경우 (경우 1)

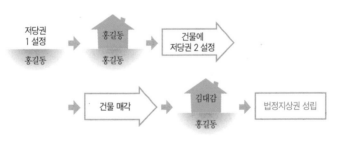

그리고 난 후 저당권 1이 경매실행으로 토지소유자가 달라졌을 경우 (경우 2)

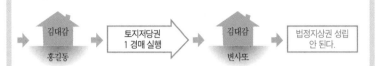

■ 동일인의 건물과 토지에서 매매가 되었는데 건물이 미등기로 남아 있는 경우

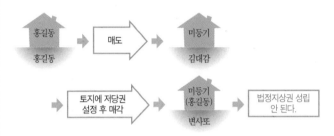

■ 토지와 건물에 모두 저당권(공동저당)이 설정된 후 건물이 신축된 경우

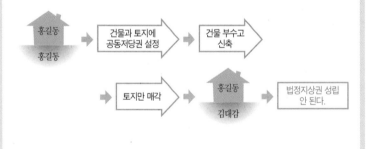

유치권

유치권은 등기할 수 없는 담보물권의 일종이다. 등기부등본을 통해 알 수도 없고 유치권자가 법원에 채권액을 신고하지 않고 있는 경우 부동산을 경락받은 사람에게는 골치 아픈 일이 아닐 수가 없다.

유치권은 후순위이더라도 무조건 인수해야 하는 권리이다. 대부분 유치권은 허위일 가능성이 크지만 그렇다고 허위임을 증명하기도 쉬운 일이 아니다. 경락인이 목적물을 낙찰받은 후에 유치권을 주장하는 자가 있으면 낙찰 불허가 신청이나 매각허각결정의 취소 신청은 할 수 있지만 모두 받아주는 것은 아니다. 그래서 경매의 핵폭탄이라고 일컫는다.

> ■ 유치권이란? 타인의 물건 또는 유가증권을 점유한 자는 그 물건이나 유가증권에 관하여 생긴 채권이 변제기에 있는 경우에는 변제를 받을 때까지 그 물건 또는 유가증권을 유치할 권리가 있다. (민법 제320조 제1항)
>
> 전항의 규정은 그 점유가 불법행위로 인한 경우에 적용하지 아니한다. (민법 제320조 제2항)

주로 어떤 부분에 대해 유치권을 주장하는가?

첫째, 가장 많은 경우가 공사대금 부분이다.

신축건물이나 공사가 중단된 건물이 경매로 나왔을 경우 유치권 존재 여부에 유의해야 한다. 건물 공사를 맡았던 사람 또는 업체가 건물소유주에게서 공사대금을 받지 못했을 경우나 전액 받지 못했을 경우 공사대금을 모두 받을 때까지 건물을 점유할 수 있다.

유치권자가 경매를 신청할 수도 있고, 타인에 의해 경매가 진행되었을 경우에도 대금을 변제받을 때까지 건물을 인도하지 않고 계속 점유할 수 있다.

둘째, 유익비에 대한 부분이다.

유익비는 건물의 객관적 효용가치를 증대시키기 위해 지출된 비용을 말한다.

셋째, 필요비에 대한 부분이다.

필요비는 임차인이 해당 부동산을 임차하면서 반드시 필요에 의해 소요된 비용을 말한다.

가끔 상가 임차인이 건물의 인테리어를 위해 소요된 비용에 대해 유치권을 주장하기도 하는데 이런 경우는 원상회복의 의무로 유치권을 인정하지 않고 있다.

유치권의 성립요건은?

첫째, 목적물 그 자체로부터 발생한 채권이어야 한다.

다른 채권의 변제를 받고자 목적물에 점유하고 있는 유치권은 성립할 수 없다.

경매에 있어서 채권이 목적물로부터 발생한 것은 보통 공사대금채권과 비용상환청구권이다.

둘째, 목적물을 지속적으로 점유하여야 한다.

유치권을 주장하는 사람은 목적물을 반드시 점유해야만 하고 그 점유는 지속되어야 하며, 직접점유와 경비원 등을 고용하는 간접점유도 인정된다. 점유는 합당한 법률적 행위여야 하며 불법행위는 인정되지 않는다. 점유를 상실한 경우는 유치권도 상실된다.

점유를 다시 시작하면 유치권도 다시 살아나는데 이때 재점유가 합법적일 때여야만 한다.

셋째, 채권이 변제기에 있어야 한다.

변제기에 도래하지 않은 동안은 유치권은 성립되지 않는다.

넷째, 필요비, 유익비, 상환청구권을 포기한다는 특약이 없어야 한다.

유치권의 존속기간은?

유치권자가 점유를 하고 있는 동안은 유치권도 계속 존속하지만 공사대금에 대한 채권은 3년의 시효를 가진다. 채권의 시효가 끝나면 유치권도 함께 소멸한다.

그러나 공사대금 채권에 대해 판결을 받았을 경우 10년으로 연장되고 그 채권에 대해 가압류를 받았을 경우는 시효가 중단된다.

> **유치권**
> 유치권은 사람과의 싸움이다. 유치권이 성립되지 않는 허위유치권이라도 명도하는데 다소 시간이 걸릴 수 있다는 점을 감안하여 입찰을 하는 것이 좋다.

유치권은 인도명령대상이 아니다. 명도소송대상이다. 인도명령 신청을 하는 경우는 허위유치권이나 여러 가지 상황으로 인해 법적으로 유치권을 인정받지 못할 때이다.

금융권이 유치권 배제신청을 했다거나 처음부터 유치권을 행사하지 않겠다는 각서를 쓴 경우가 후자에 속한다. 하지만, 인도명령결정을 받았다고 해서 명도가 쉬운 것이 아니다. 되도록이면 타협점을 찾아 협상해보는 것이 좋다.

대지권미등기/대지권 없음

물건분석을 하다 보면 '대지권미등기' 또는 '대지권 없음'이라고 표시되어 나오는 아파트가 경매로 나올 때가 있다.

도대체 이 말은 무엇인가? 우선 대지권이 무엇인지부터 짚어 보자.

대지권은 전유부분과 일체성을 가지는 대지사용권을 말하는데, 즉 건물과 분리하여 처분할 수 없는 대지용권을 말한다. 단, 분리처분이라는 규약이 있으면 따로 처분할 수가 있다. 대지권과 대지권등기를 함께 보는 사람들이 있는데 대지권과 대지권등기는 별개의 문제이다.

대지권 성립은 대지권등기와 무관하여 구분건물의 등기부에 대지권 목적의 토지 표시가 없어도 대지권은 성립된다.

대지사용권은 소유권과 용익권이 있는데 여기서 용익권은 지상권, 임차권 등을 말한다.

대지권미등기는 무엇인가? 대지권미등기는 부동산이 양도될 때 소유권이전등기만 하고 대지지분에 대한 소유권이전등기가 아직 되어 있지 않은 상태를 말한다. 그렇다고 대지사용권이 없는 것이 아니라 대지권은 존재하나 등기를 마치지 않았을 뿐이다.

대지권미등기의 두 가지 유형

첫째는 대지권등기 절차를 마쳤지만 대지권등기를 하지 않은 경우이다.

둘째는 택지개발이나 재개발된 아파트가 완공되고 나서 입주는 완료되었으나 대지부분의 환지절차가 종료되지 않아 미등기로 남아 있는 경우이다.

미등기 상태이지만 입주를 하여도 불이익을 당하지 않는다. 이때 실제 대지권은 가지고 있는 것이며 이런 건물을 경매로 매수할 경우 대지권을 취득하는 것으로 인정한다.

대지권미등기를 조심해야 하는 경우

국유지, 시유지 등의 토지에 지어진 집합건물은 대지권등기가 없고, 실제 건물의 소유자가 대지에 관한 권리를 가지고 있지 않은 경우는 조심해야 한다. 이 경우에는 대지권을 취득한 것으로 보지 않아 매도청구를 당할 수도 있다.

대지권 없음

'대지권 없음'이라는 것은 대지지분이 없다는 말이다. 대지권미등기는 감정평가액에 대지지분의 평가액을 포함하고 있지만 대지권 없음은 대지지분이 없고 감정평가액도 건물부분만 되어 있는 상태로 건물만 경매로 나온 경우이다.

이런 아파트를 경매로 낙찰받은 후 대지권소유자가 구분소유권 매도 청구를 하게 되면 경락자는 건물의 소유권을 잃게 되며 건물은 철거될 수도 있으므로 매우 조심해야 한다.

안전하게 입찰하고자 한다면 감정평가서에 대지지분에 대한 평가액이 포함되었는지를 확인하면 된다. 평가액에 포함되어 있다면 후에 대지권에 대한 소유권을 행사할 수 있기 때문이다.

> 대지권 없음, 대지권미등기의 문구가 나오더라도 물건명세서의 감정평가서에 대지지분에 대한 감정이 포함되었는지 확인해보는 것이 좋다.

토지별도등기

토지별도등기는 아파트, 연립주택, 오피스텔이나 다세대주택과 같은 공동주택(집합건물)에서 발생한다. 원래 공동주택에 대한 소유권등기는 토지와 건물 따로 되어 있지 않고 건물소유자란에 대지권으로 따로 구분소유를 표시하고 있다. 구분소유에 의해 대지권이 이미 설정된 후 토지별도등기가 되었다면 문제가 되지 않는다. 이러한 공동주택에 '토지별도등기'라는 말이 나올 때 주의해야 할 경우는 두 가지이다.

첫째, 토지가 지적공부 미정리로 인해 건물주에게 이전되지 않은 상태 또는 정리는 되었으나 소유권이전이 되기 전에 대출을 받고 이를 갚지 못해서 가압류나 가처분이 설정되면 법원에서는 '토지별도등기있음'이라고 기입등기를 한다.

이 경우 매수인은 이 권리를 인수해야 하는데 말소되지는 않는다.

둘째, 건설회사 등이 토지를 담보로 대출을 받고 건물을 짓고 난 후 세대별 근저당을 하지 않은 상태에서 경매가 진행되면 법원에서는 '토지별도등기있음'이라고 기입한다. 이 경우 각 세대별로 근저당을 설정하지 못했으므로 매수인은 공동주택의 대지 전체에 설정된 저당권 지분만큼 인수해야 한다. 그래서 '토지별도등기있음'이라고 나오면 반드시 토지등기부등본을 열람해야 한다.

> 현재 법원에서는 이런 물건에 대한 경매 입찰을 꺼리는 것을 막기 위해 토지 채권자에게 채권신고를 하게 하고 구분건물의 대지권 비율만큼 배당시켜주고 그만큼의 토지저당권을 말소시켜준다. 그러나 토지에 대한 저당권을 인수할 조건이라는 특별매각조건이 붙으면 인수해야 하므로 유의해야 한다.

토지별도등기를 인수하지 않아도 되는 경우

• 공동주택에 건물저당권자와 토지저당권자(지분등기일 경우)가 동일한 경우
• 토지별도등기를 인수해야 한다는 특별매각조건 없이 토지 채권자나 토지등기권리자가 배당요구를 한 경우

> ■ 토지별도등기권자가 채권신고를 했는지 확인
> ■ 토지별도등기가 있어도 모든 권리가 다 말소된 경우도 종종 있다.
> ■ 선순위 임차인의 배당금액에 대해 유의
>   - 토지에 대해 먼저 배당해주고 남은 금액으로 임차인에게 배당되어 인수금액이 생길 수 있음 (유료정보 사이트의 배당표는 유의하도록 한다.)

분묘기지권

분묘기지권은 타인의 땅에 분묘를 설치한 자가 분묘를 소유하기 위하여 토지를 사용할 수 있는 지상권 유사의 물권이다. 이것은 토지의 사용권이며 소유권은 아니다. 묘를 신설하거나 다른 목적으로 사용할 수는 없다.

분묘기지권은 등기를 요구하지 않으므로 토지를 구입시 이런 분묘가 있는지를 확인하여야 한다.

분묘기지권의 범위

분묘수호자가 그 분묘에 대하여 가지는 관습에 의한 지상권 유사의 물권은 비단 그 분묘의 기지뿐만 아니라 그 분묘의 설치 목적인 분묘의 수호 및 제사에 필요한 범위 내에서 분묘지기 주위의 공지를 포함한 지역까지 미친다.
(대법원 1986.3.25. 선고 85다카2496 판결)

분묘기지권은 분묘가 있는 곳뿐만 아니라 분묘의 수호 및 제사에 필요한 범위 내에서 분묘의 기지 주위의 지역까지 그 권리가 미친다. 매장 및 묘지 등에 관한 법률 제4조 제1항 및 시행령 제2조 제2항의 규정에 의하면 분묘의 점유면적을 1기당 20제곱미터로 정하고 있지만 이것은 분묘의 점유면적이지 분묘의 수호 및 제사에 필요한 분묘기지 면적을 포함한 것은 아니다. 그래서 그 범위는 개별적으로 다를 수밖에 없다.

분묘기지권의 성립요건

토지소유자의 승낙을 얻어 분묘를 설치한 경우

토지소유자에게 승낙을 얻어 분묘를 설치하게 되면 이는 토지에 대하여 지상권과 유사한 물권을 갖게 된다.

시효취득의 경우

토지소유자의 승낙 없이 분묘를 설치하고 난 후 20년간 평온·고요하게 그 분묘의 기지를 점유한 경우여야 한다. 이때 소유권을 취득하는 것은 아니고 시효에 의하여 토지사용권을 가지는 것이다. 분묘에 대한 관리가 분묘의 소유자나 종손에 속해야 한다.

다른 사람들에 의해 관리가 된 경우는 시효취득이 인정되지 않으며 관리가 되고 있다는 흔적도 있어야 한다는 것을 명심해 두자.

분묘 안에 시신이 안장되어 있어야 한다.

분묘는 누가 보더라도 분묘라고 인식할 수 있는 분봉이 있어야 한다. 그리고 무엇보다도 분묘 내부에 시신이 안장되어 있어야 한다.

자신의 분묘가 있는 토지를 타인에게 매도한 경우

자신의 토지에 분묘를 설치하고 난 후 타인에게 분묘를 이전한다는 특약 없이 매도한 경우 분묘기지권을 가진다.

분묘기지권의 존속기간

분묘기지권은 특별한 약정이 없는 한 분묘의 수호와 봉사가 지속되고 분묘가 존속하고 있는 동안은 분묘기지권이 계속 존속한다.

그러나 2001년 1월 13일부터 시행된 장사 등에 관한 법률 제23조에 제3항에 의하면 토지소유자의 승낙 없이 토지에 설치한 분묘, 묘지 설치자 또는 연고자의 승낙 없이 묘지를 설치한 경우는 토지사용권과 다른 분묘의 보존을 위한 권리를 주장할 수 없다고 하고 있다. 이외에 여러 가지 경우가 존속기간에 대해 제한을 받고 있으므로 이 법률에 관해 공부해 둘 필요가 있다.

위 법률 제17조에 의하면 공설묘지·사설묘지에 설치된 분묘의 존속기간은 15년이며 그 기간이 지나면 시·도지사, 시장·군수·구

청장에게 연장 신청을 하여야 한다. 이 법은 2001년 1월 13일 이후
에 설치된 분묘에만 적용된다.

연고자가 없는 분묘가 있는 경우

임야를 경매로 매수했는데 생각지도 않았던 분묘가 있을 경우 난
감할 수밖에 없다. 왜냐하면, 분묘가 있을 경우 사용할 수 있는 범위가
제한되기 때문이다. 연고자가 없는 분묘는 토지매수자 또는 관리인은
시·도지사의 허가를 받아 일정기간 공고 후 이를 개장할 수 있다.

공고 방법은 중앙일간신문이나 다른 일간신문에 분묘의 위치와
장소, 개장 사유, 개장 후 안치 장소 및 기간, 공설묘지 또는 사설 묘
지 설치자의 성명과 주소 및 연락 방법을 적은 내용을 2회 이상 공
고하되 두 번째 공고는 첫 번째 공고일로부터 1개월이 지난 다음에
해야 한다. (장사 등에 관한 법률 시행규칙 제14조)

제시 외 건물

경매에 입문하고 나서 대법원경매 사이트를 검색해 보면 의외로 많이 보게 되는 것이 이 '제시 외 건물'이다. 뭔가 제외된 건물인 것 같은데 어찌 보면 별것 아닌 것도 같고 혹은 저게 함정이 아닌가 하는 의구심이 들기도 한다. 경매로 나온 부동산에 곁다리로 나오는 '제시 외 건물 있음'이라는 문구를 보면 혼란스럽다.

그런데 대부분 이 '제시 외 건물'에 대한 공부는 늘 뒷전으로 밀리게 된다. 잘못 알았다간 큰코다칠 수 있는 '제시 외 건물'에 대해 알아보자.

'제시 외 건물'이라고 부동산현황조사보고서나 감정평가서에 나오는데 대부분 부동산등기부상에는 나오지 않고 미등기 상태일 때가 많다. 그런데 이 미등기 상태의 건물이 왜 주 부동산과 함께 경매로 나오는 것일까? 그것은 '제시 외 건물'을 주된 건물의 부합물 또는 종물로 보기 때문이다.

그렇다면, 우선 부합물과 종물이 무엇인지부터 공부해 보자.

부합물

부합물을 법률에서는 해당 부동산(주물)에 부가되어 거래상 독립성을 잃고 주물과 일체된 물건이라고 정의하고 있다. 지상의 수목이나 가옥의 부속물이 그렇다.

부합물은 평가의 대상이 되며 매수인이 주물과 함께 소유권을 취득하게 된다.

구체적으로 부합물은 어떤 것들을 말하는 것일까?
• 지하굴착공사에 의한 콘크리트 구조물
• 토지의 부합물 : 지하구조물, 주유소 땅속에 부설된 유류저장탱크
• 공유수면의 빈지에 옹벽을 쌓고 토사를 다져 넣어 축조한 공작물 등
• 기존 건물의 부합된 증축 부분에 대해서 평가되지 않았어도 소유권을 취득한다.

종물

물건의 소유자가 그 물건의 상용에 이바지하기 위하여 자기소유

인 다른 물건을 이에 부속하게 한 때에는 그 부속물은 종물이다. (민법 제100조 제1항)

종물은 주물의 처분에 따른다.(제2항) 즉, 주물을 매수하게 되면 종물에 대한 소유권도 함께 소유권을 취득하게 된다.

그러나 주물의 상용에 이바지하고 있다 하더라도 주물과 직접적인 관계를 가지지 않고 개별적인 독립성을 가진다면 종물이 아니다.

경매에 있어서 종물이 되는 조건은 주물과 종물이 같은 소유자에게 속해 있어야 한다. 타인의 소유로 되어 있는 종물은 평가 대상에서 제외되며 소유권을 취득할 수 없게 된다. 그래서 간혹 주물의 소유권을 행사하는데 제약이 따르므로 조심해야 한다.

종물은 어떤 것들이 있을까?
• 창고와 공동 화장실
• 횟집의 생선 수족관
• 농장과 농구소옥
• 광
• 가옥의 덧문
• 주유소에 설치된 주유기
• 백화점 건물에 설치된 전화교환설비
• 안채와 사랑채

옥탑방을 종물로 볼 것인가?

옥탑방이 해당 부동산과 같은 소유자에 속해 있고 전기, 수도 계량기를 따로 두지 않고 함께 사용하고 있으며 옥탑방에 대해 별도의 건축물관리대장이나 부동산 등기부등본이 없으면 이 옥탑방도 해당 부동산의 종물로 본다. 그래서 소유권을 취득하는데 별문제가 없다.

경매에 임할 때 주의해야 할 점은 독립된 건물이나 타인에 속해 있는 건물을 부합물이나 종물로 잘못 인식하고 매수를 하게 되는 경우다. 그래서 제시 외 건물이 나오면 평가대상이 되었는지 그것이 부합물이나 종물의 요건을 갖추었는지를 잘 파악해야 한다.

종된 권리

압류 및 저당권의 효력이 해당 부동산의 종된 권리에도 미치므로 매수인은 종된 권리도 당연히 함께 취득하게 되는 것이다. 종된 권리는 어떤 것들을 말하는 것일까?

1. 건물에 관한 지상권
2. 토지에 관한 지역권 (토지가 요역지인 경우)
   - 승역지 : 타인의 편익을 위해 이용 당하는 토지
   - 요역지 : 타인의 토지로 이용 받는 토지

Part 9

명도

명도 잘하는 법 • 인도명령 • 명도소송
강제집행방법 • 명도받기 쉬운 부동산

명도 잘하는 법

경매에 고수라고 하는 사람들도 '명도' 부분에 있어서만큼은 많이 힘들어 한다. '권리분석'을 하고 '입찰'하는 것까지는 경매에 있어 20%에 해당하고, 나머지 80%는 이 '명도'에 달렸다고까지 한다. 막상 입찰을 하려다 명도 부분이 두려워 입찰을 못 하는 경우도 허다하다.

권리분석은 제대로만 한다면 크게 문제될 것이 없고 본인이 못한다 하더라도 변호사나 법무사에게 얼마만큼의 수수료를 지불하고 권리분석을 부탁할 수 있다.

하지만, 명도는 여러 가지 변수가 생기고, 돈 한 푼 없이 집을 비워야 하는 소유자나 임차인들을 상대해야 할 때는 생각만 해도 머리 아픈 일이 아닐 수 없다.

경매를 잘하는 것은 이 명도를 잘하는 것이라고 말하는 사람도 있다. 그래서 경매에 얽힌 이야기를 들으면, 대부분 명도에 관한 이야기가 다반사다. 그렇다면, 어떻게 하면 명도를 잘할 수 있는 걸까?

서로 얼굴 붉히지 않고 명도를 끝내는 방법은 없는 걸까?

불행하게도 정해진 해답은 없다. 이것은 실전에서 수많은 시행착오를 겪으면서 다양한 경험을 한 선배님(투자고수)들의 이야기를 많이 들어 두면 큰 도움이 된다.

우선 명도시 명심해야 하는 것들이 있다.

입찰 전 점유자를 미리 파악해두는 것이 좋다!

이것은 입찰가를 결정하는데도 중요하다. 물건조사를 하기 위해 현장에 가서는 노크도 못 하고 건물의 외관만 보고 오는 사람들이 있다. 경매로 나온 집의 벨을 누를 배짱이 없다면 당신은 우선 담력을 쌓아야겠다. 그냥 눈 한번 감고 벨을 눌러라. 이렇게 몇 번 하다 보면 별일도 아닌 것이 되는데 경매에 나서는 초보자들에게는 가장 어려운 관문 중 하나이다.

먼저, 인간적으로 대하라!

경락을 받고 나면 경락자는 이해관계인이 되어 그전에 볼 수 없었던 관련 서류들을 열람할 수 있다. 이 서류를 통해 점유자의 전화번호도 알 수 있게 되는데 바로 전화를 걸어 만나 보는 것이 좋다. 잔금을 치르고 확실하게 소유권을 행사할 수 있을 때까지 기다려도 좋지만 미리 부동산의 내부구조를 자세히 확인할 겸 경락받자마자 찾아가 보는 것이 좋다.

이때 명심해야 하는 것이 절대 '이 집의 새 주인이 되었으니 문을 여시오.' 등의 말 따위는 삼가는 것이 좋다.

사람들이 무심하게 쓰는 이 '주인'이라는 말을 대부분의 점유자는 싫어한다.

이것은 필자도 같은 경험을 갖고 있어 알게 된 부분이다.

점유자를 찾아갈 때 어린아이가 있는 경우면 아이를 위한 작은 선물이라도 마련하는 것이 좋다. 그리고 아이에게 관심을 보이면 점유자들은 아이들 앞에서 큰소리를 내거나 얼굴 붉히게 입씨름하려 하지 않고 대화를 나누려고 할 것이다.

돈 있는 티를 내지 마라!

경매로 집을 잃은 사람들은 그 경락자를 엄청나게 돈이 많은 투기꾼으로 보는 경향이 강하다. 그런데 이렇게 생각하고 있는 사람들 앞에 향수 냄새 풍기며 옷을 화려하게 차려입고 가는 것은 피하는 것이 좋다.

인도명령신청은 기본이다!

낙찰받고 살고 있는 사람들이 이사를 하겠다는 말을 해도 잔금을 치르면서 '인도명령신청'은 꼭 해두는 것이 좋다.

이 세상에 선하기만 한 사람도, 악하기만 한 사람도 없다. 이 세상을 선과 악의 잣대로만 볼 수 없을 정도로 복잡하기만 한 인간 세상이다. 그래서 사람들이 상황에 따라 상대방이 보기에는 선한 사람이 되기도 악한 사람이 되기도 한다.

집을 비워 주기로 한 사람이 갑자기 태도를 바꿔 어쩔 수 없다고 하는 경우가 종종 생긴다. 그것은 그들이 취할 수 있는 최선의 선택일 수도 있다. 하지만, 이럴 경우 경락자는 자신이 정당하게 돈을 내고도 소유권을 맘대로 행사할 수 없게 되어 경락자 역시 억울한 입장이 된다.

이때는 매수인도 자신이 할 수 있는 최선의 방법을 취할 수밖에 없다. 그것은 법대로 하는 것이다.

처음 인간적으로 대하면서 명도를 할 수 있으면 가장 좋은 방법이다. 하지만, 그래도 혹시 모를 대안을 준비하고 있어야 한다. 그것이 바로 '인도명령신청'이다.

강제집행에 들어가는 비용도 점유자에게 청구할 수 있다고 미리 밝혀 두는 것이 좋다.

비어 있는 집의 명도는 아주 신중해야 한다!

가끔 소유자가 잠적하여 집이 비어 있는 경우가 있다. 이런 경우 명도를 할 때는 절차에 따라 남아 있는 짐 하나라도 법대로 처리를 해야 한다. 남아 있는 짐을 명도하는 경우조차 법적 절차에 따라야 한다.

- 오랫동안 방치된 유체동산이 있는 경우 반드시 국가공무원, 경찰공무원, 관리사무소 직원, 성인의 입회하에 일정한 곳에 보관한다.
- 송달이 불가능하므로 공시송달이 필요하다.
- 유체동산에 대한 보관장소는 눈비를 맞지 않을 정도인 곳에 보관하면 된다. 창고, 옥상 등에 보관해도 되지만 통상 이삿짐 물류센터에 보관한다. 보통 20피트(0.3048m) 기준으로 월 15만 원 정도 든다.
- 오랫동안 보관할 경우 보관비용이 많이 들기 때문에 가재도구를 경매신청할 수 있다.

이제부터 명도에 따르는 법적인 문제를 공부해 보자.

인도명령

경매로 부동산을 경락받고 잔금을 치르면 법적인 소유권을 취득하는 것이지 실제적인 소유권은 아직 남아 있다. 실제적인 소유권을 취득하려면 물건에 점유하고 있는 사람들을 내보내야 한다. 이것을 '인도'라고 한다. 민사소송법이 적용되던 때에 이 인도 부분 때문에 경매를 하는 사람들이 많은 애로를 겪었다. 그것은 명도를 하려면 대부분이 명도소송으로 이루어져야 했고 인도명령 대상은 겨우 10% 정도 뿐이었기 때문이다.

명도소송은 명도판결을 받아야 하며 소요기간도 4~6개월 정도나 걸린다. 그리고 항고신청이 있으면 더 길어진다. 그러나 민사집행법 이후 '인도명령대상'이 확대되어 명도가 많이 간편해졌다.

다음에 각각 이어지는 내용을 통해서 인도명령과 명도소송에 대해 비교하면서 살펴보자.

인도명령

- 신청은 서면 또는 말로 할 수 있다. (민사집행법 제23조 제1항, 민사집행법 제161조 제1항)

- 대금 납부 후 6개월 이내에 해야 한다. 이 기간이 지나면 명도소송으로 해야 한다.

- 대상은 소유자, 대항력 없는 모든 점유자, 채무자이다. 이때 채무자의 가족, 근친관계에 있는 사람, 가장점유자도 인도명령 대상이다.

> 인도명령의 상대방이 채무자인 경우 그 인도명령의 집행력은 당해 채무자는 물론 채무자와 한 세대를 구성하며 독립된 생계를 영위하지 아니하는 가족과 같이 그 채무자와 동일시되는 자에게도 미친다. (대판 1998.4.24. 96다30786)

- 소요기간은 인도명령 신청 후 2주 또는 3주 정도 걸린다.
- 비용은 강제집행까지 할 경우 약 150만 원 정도 된다. 이것도 물건의 평수에 따라 약간 차이가 난다. 강제집행신청을 하고 강제집행을 하지 않는 경우 법원은 받아 두었던 비용을 돌려준다.
- 송달확정 증명원이 반드시 필요하다. 그래서 송달에 신경을 써야 한다. 송달이 되지 않았을 경우 인도명령을 바로 할 수 없으며 주소보정을 명시하거나 공시송달 등으로 통지를 해야 한다.

인도명령집행시 필요한 서면
1. 부동산 인도명령정본
2. 송달확정 증명원
3. 위임장(대리인에 의행 집행할 경우)
4. 송달료 및 집행관수수료 등 예납

• 점유자가 인도명령에 따르지 않으면 인도명령 신청인은 집행관에게 그 집행을 위임하여 집행관으로 하여금 민사집행법 제 258조에 의하여 인도집행을 하도록 할 수 있다. (민사집행법 제 136조 제6항)

■ 참고 : 인도명령 대상이 아닌 경우
1. 재침입한 사람 : 부동산을 인도한 후에 다시 재침입한 사람에게 인도명령신청을 할 수가 없다. 이것을 방지하기 위해 점유이전가처분금지신청을 해두는 것이 좋다.
2. 유치권자 : 명도소송 대상
3. 법정지상권이 성립하는 건물의 임차인 : 법정지상권이 성립하는 건물이 있는 토지를 경락받았을 경우 토지 매수인은 그 건물의 임차인에게 건물을 비워달라고 요구할 수 없다.
4. 대항력 있는 임차인 : 자신의 보증금을 받을 때까지 점유할 권리를 가지고 있다.
5. 경락을 받은 매수인이 인도명령 대상이 되는 점유자에게 소유권을 넘긴 경우

명도소송

신청은 대금 납부 후 바로 할 수 있으며 종기의 제한은 없다. 다음은 명도소송 접수 및 집행시 필요한 서류들이다.

■ 명도소송 접수 때 필요한 서면
낙찰 허가 결정 정본
부동산 등기부등본
건물 도면
낙찰 대금 납부서
권리신고 및 부동산 현황조사서 사본
제출된 대상 주민등록등본
소장

■ 명도소송집행시 필요한 서면
송달증명원
집행력 있는 정본
도장
강제집행 예납금
인감증명서(위임할 경우)
위임장

명도소송은 다음과 같을 때 행한다.

• 인도명령대상인데 대금납부 6개월이 지났는데도 건물을 비워 주지 않은 경우

- 말소권리 이후에 전입한 임차인이 확정일자가 있음에도 배당 요구를 하지 않아 배당절차에 제외된 경우
- 상가건물의 임차인이 전세권을 설정하고도 배당을 받지 못한 경우

그 외 필요한 자료, 소요시기, 경비 등도 알고 있어야 한다.
- 판결확정증명원과 송달증명원이 필요하다.
- 소요기간은 보통 명도소송제기 후 4~6개월 정도 걸린다. 길게 는 1년도 걸릴 수 있다.
- 강제집행비용과 인지대, 송달료, 소송경비 등을 포함해 3백만 원 내지 5백만 원 정도 든다. 하지만, 경우에 따라서는 더 들 수 도 있다.

■ 명도소송시 반드시 해야 할 일이 점유이전금지가처분신청이다.
명도소송은 소요되는 시간이 길고 명도 판결을 받는 중에 점유자가 달라진 경우 명도 집행을 할 수가 없다. 점유이전금지가처분신청을 해두게 되면 점유자가 다른 사람이 어도 승계집행문을 받아 다시 집행할 수 있다.
명도 후 재침입한 경우 해당되는 형법이 있다. 이것도 미리 알아두면 약이 된다.

■ 강제집행으로 명도 또는 인도된 부동산에 침입하거나 기타 방법으로 강제집행의 효용을 해한 자는 5년 이하의 징역 또는 700만 원 이하의 벌금에 처한다.
(형법 제140조의2)

강제집행방법

대화로 명도를 해결하지 못하면 이미 인도명령신청을 해둔 것을 전제로 강제집행을 할 수밖에 없다. 강제집행은 법원의 송달증명을 첨부해서 집행관실에 비용을 예납해야 한다.

집행신청을 하고 나면 보통 15일에서 한 달 정도 후에 집행 날짜가 정해진다. 강제집행은 야간이나 휴일에도 가능하다. 이것을 특수집행이라고 하는데 법원의 허가를 받아야 한다. 집행이 주간에 시작하였다 하더라도 시간의 지연으로 야간 또는 휴일로 넘어가게 되면 또한 법원의 허가를 따로 받아야 한다.

점유자가 있는 경우

계속해서 명도를 거부하는 점유자가 있는 경우는 성인 2인 또는 국가공무원, 경찰공무원 1인 입회하에 강제집행을 하게 된다. 점유자의 물건은 마당이나 주차장, 도로 등에 내 놓으면 된다. 만약, 점유자가 고의로 물건에 대한 인수를 거부하면 매수자는 보관장소와 비용을 부담해야 한다.

점유자가 없는 빈집인 경우

성인 2인 입회하에 집행관이 가재도구의 목록을 작성하고 매수자 부담으로 이삿짐센터나 물류창고 등에 보관해야 한다. 이 비용에 대해 점유자에게 청구할 수 있지만 현실적으로는 거의 불가능하다.

그래서 이 가재도구에 대해 상계처리를 하는데 이것도 실전에서는 비용으로 충당할 만큼의 금액이 되지 못한다는 것을 알아두자. 오히려 짐처리 비용이 더 들 때가 많다.

명도받기 쉬운 부동산

- 임차인의 '대항력'이 '말소기준권리'보다 빠르고 '확정일자'를 받아 둔 경우이면서 배당신청을 한 부동산
- 위의 임차인과 같은 경우이지만 배당신청을 하지 않은 부동산. 이 같은 경우 경락자가 임차인의 보증금액을 인수해야 한다.
- 대항력과 확정일자가 말소기준권리보다 후순위지만 배당신청을 하였고 매각대금에서 보증금액을 전액 배당받게 되는 경우
- 임차인이 법인인 경우
- 채무자나 소유자 본인이 살고 있는 부동산은 명도받기 쉬운 부동산이다(이것은 일반적인 견해인데, 필자는 좀 다른 견해를 가지고 있다. 상황에 따라 채무자나 소유자를 내보내기가 더 힘들다). 실무에서는 보증금을 다 받아가는 임차인이 터무니없는 이사비를 요구하며 집을 비워주지 않는 사람들이 있기도 하지만, 돈 한 푼 받지 못하고 집을 비워주어야 하는데 미안해서 이사비 달라는 말도 없

이 집을 비워주는 사람들도 있다.

채무자나 소유자 본인이 살고 있는 부동산에 대한 명도가 싫다는 견해를 가진 사람들이 많다. 하지만, 실전에서는 이런 사람들을 명도 하는 것이 더 어려울 수 있다.

채무자나 소유자가 집을 비우는 것을 거부할 경우, 인도명령신청을 하고 그래도 집을 비우지 않을 경우 강제집행을 하게 된다.

본인의 채무로 집을 경매로 잃게 되든 타인의 채무에 대한 보증으로 집을 잃게 되든 자신이 소유했던 집에서 돈 한 푼 없이 쫓겨나야 한다는 사실이 그들에게는 큰 고통이다. 더군다나 이사 갈 수 있는 집을 구할 수 없는 경우도 있다. 그래서 강제집행을 할 때 완강하게 저항할 수 있다.

어떤 분은 채무자가 크게 저항하여 오랜 기간을 시달리다 보니 집행관들도 포기하고 자신이 냈던 잔금까지 다 포기한 적도 있다.

가끔 터무니없는 이사비용을 요구하는 경우도 있다. 그래서 입찰하기 전에 채무자나 소유자가 살고 있는 부동산일 경우 미리 명도 부분에 대해 계획을 잡아 두는 것이 좋다(필자의 경험상).

명도확인서
임차인들이 집을 비워 줄 때 가장 예민한 부분이 이 '명도확인서'

이다. 임차인들이 배당을 받으려면, 매수인에게 명도확인서와 경락자의 인감증명서를 받아 제출해야 한다.

그래서 임차인과 협상을 벌일 때 이 명도확인서가 경락자에게 있어서는 큰 무기가 된다.

집을 비워주는 것을 미루고 계속 점유를 할 경우 배당금이 법원에 공탁되었다면 가압류를 신청할 수 있다.

그런데 이사를 할 테니 명도확인서를 미리 써 달라고 하는 경우가 있다. 집을 비워주기 전에는 절대 이 명도확인서를 써주면 안 된다. 이사 갈 집을 구하기 위해 보증금이 필요하다면 그 금액만큼만 따로 주고 차용증을 받고 난 다음, 배당금에 대해 나중에 임차인에게 청구하는 것이 좋다.

명 도 확 인 서

사건번호 :

이   름 :

주   소 :

위 사건에서 위 임차인은 임차보증금에 따른 배당금을 받기 위해 매수인에게 목적부동산을 명도하였음을 확인합니다.

첨부서류 : 매수인 명도확인용 인감증명서 1통

년   월   일

매수인 :   (인)

연락처 :

○○지방법원 귀중

〈 유의사항 〉
1. 주소는 경매기록에 기재된 주소와 같아야 하며, 이는 주민등록상 주소이어야 합니다.
2. 임차인이 배당금을 찾기 전에 이사를 하기 어려운 실정이므로, 매수인과 임차인 간에 이사날짜를 미리 정하고 이를 신뢰할 수 있다면 임차인이 이사하기 전에 매수인은 명도확인서를 해줄 수도 있습니다.

Part 10

기타 사항들

명의신탁 종중재산 부동산과 학교법인 기본재산은 주의해야 한다

토지경매 · 부지런해야 할 수 있는 토지경매

공장경매 · 지분경매

명의신탁 종중재산 부동산과
학교법인 기본재산은 주의해야 한다

이 지구상의 모든 돈과 재물이 어느 날 오후 3시에 전 세계 사람들에게
골고루 나누어진다고 가정한다면, 3시 30분쯤이면 우리는 이미 사람들
의 소유 상태에 상당한 차이가 있음을 확인할 수 있을 것이다.

- 폴 게티

명의신탁 종중재산

경매에 있어 가장 위험한 권리들 중 명의신탁 종중재산
이 있다.

명의신탁은 부동산에 대한 실제 소유자와 등기에 올려진 소유자
가 다르다. 즉, 타인의 명의로 등기에 올린 것을 말한다. 명의신탁 종
중재산은 종중 구성원들 중에 한 사람을 대표로 해서 소유권을 이전
해 놓았을 뿐 실제 소유권은 종중 전체에 있는 것이다. 그래서 경매

로 매수한 부동산은 등기되어 있는 사람에게 허락을 받았다 하더라도 만약 종중에서 이의를 제기한다면 소유권을 잃게 된다.

원래 명의신탁은 금지되어 있지만 종중재산에 대한 명의신탁은 대법원 판례에서는 유효한 것으로 인정하고 있다.

소유권을 잃게 되는 것은 경매에서일 뿐이지 매매에서는 그 소유권을 인정해 주고 있다. 그렇다면, 왜 경매에 있어서는 소유권을 취득하는데 제약이 따르는 것일까?

그것은 종중재산이 경매로 넘어가는 과정에서 생겨난다. 종중재산을 담보로 근저당권을 설정하기 위해서는 종중 전체임원의 결의 또는 종회의 결의를 거쳐 뽑힌 종중 대표만을 통해서 할 수 있기 때문이다. 그런데 이렇게 절차를 걸쳐 근저당이 설정되는 경우가 거의 없다는 것이 문제이다. 그래서 경매로 나온 종중재산은 확실한 근거 없이는 쳐다보지 않는 것이 좋다.

학교법인 기본재산

학교법인에는 기본재산과 보통재산이 있다. 사립학교법에 따라 사립학교에 필요한 시설·설비와 학교의 경영에 필요한 재산을 갖추어야 하는데 부동산 그리고 정관에 의한 재산과 이사회의 결의에 의해 기본 재산으로 정해진 재산이 '기본재산'이다. 그 나머지를 '보통재산'이라고 보면 된다.

기본재산을 매도·증여·담보제공 또는 재산권리를 포기하고자 할 때는 관할청의 허가를 받도록 되어 있다. 따라서 경매로 재산이 매각되어 경락받게 될 때도 관할청의 허가를 받지 못한다면 소유권을 잃게 된다.

그런데 왜 처분할 수 없는 학교법인의 재산에 해당되는 유치원이 경매로 나오는 것일까?

첫째, 우리나라는 등기에 공신력이 부여되지 않는다. 저당권설정을 할 때 등기공무원의 심사기능이 없어 관할청의 허가서가 없어도 등기신청이 가능하기 때문이다. 이렇게 설정된 저당권설정을 원인무효 행위로 보기 때문에 근저당권 실행에 의한 경매로 경락을 받아 소유권을 얻게 된다 하더라도 소유권을 잃을 수도 있다.

둘째, 유치원이 경영자나 법인의 소유가 아닌 타인의 소유이거나 건축물대장이나 건물등기부에 유치원으로 등록되어 있어도 소유자가 유치원 경영자가 아닐 경우, 저당권설정이 가능하고 매도 가능하여 소유권을 취득할 수 있다.

참고
학교 기본재산처럼 사회복지법인 기본재산도 주무 관청의 허가가 필요하다는 점도 유의해야 한다. 사회복지법인 기본재산을 매도·증여·교환·임대·담보제공·용도변경 등을 할 때는 주무 관청인 보건복지부장관의 허가를 받아야 한다.

토지경매

　토지경매는 알아두어야 할 법적인 문제가 상당히 많다. 그렇기 때문에 토지에 대해 제대로 공부하지 않고 함부로 덤비면 큰코다칠 수 있는 것이 이 토지분야이다. 토지는 잘못 매수하면 오랫동안 돈이 묶이고 만다. 현장 확인과 시세를 알아보는 것도 그리 쉬운 편은 아니다. 토지의 이용에 따라, 위치에 따라 가격이 엄청나게 차이가 난다.

　그래도 토지를 경매로 구입하는 이유는 토지거래허가지역인데도 경매로 매수한 토지에 대해서는 따로 허가를 받을 필요가 없다는 장점이 있다. 입찰자들이 많이 몰리지 않는 탓에 몇 번이고 거듭 유찰을 하는 경우가 많아 시세보다 확실히 싼 가격으로 매수할 수 있는 것도 큰 장점이다.

　하지만, 토지는 단기적인 관점에서 접근하는 것보다 장기적인 투자가치를 볼 줄 아는 사람만이 도전해볼 만한 영역이다.

토지를 경매로 매수하고자 할 때 고려해야 할 사항들

• 지목(대장상의 지목과 실제로 사용되고 있는 지목)

• 지형과 모양 그리고 방향

• 면적(평가서의 공부상 면적, 등기부상의 면적, 대장상의 면적, 도상면적 등)

• 지세(경사도, 토양의 질)

• 경계(도상의 경계와 실제상의 경계)

• 도로계획

• 도시계획

• 도로(도로폭, 포장여부, 도로의 종류)

• 농지취득여부

• 혐오시설 등이 있는지의 여부

• 농지전용과 산림형질 변경의 여부

• 분묘기지권, 법정지상권, 인접토지사용권 등의 관련 여부

경매로 나온 토지를 보면 여러 지목 용어들이 나온다. 주로 나오는 지목에 대한 기본 용어들에 대해 알아보자.

• 대 : 영구적 건축물 중 주거·사무실·점포와 박물관·극장·미술관 등 문화시설과 이에 접속된 정원 부속시설물의 부지인 토지

• 전 : 곡물·원예작물(과수제외)·약초·뽕나무·묘목·관상수 등과 죽순을 재배하는 토지

- 답 : '전'이 물을 항상 이용하는 것이 아니라면, '답'은 항상 직접 물을 이용하여 벼·미나리·왕골 등의 식물을 재배하는 토지
- 잡종지 : 실외에 물건을 쌓아두는 곳, 흙을 파내는 곳, 비행장, 공동우물, 쓰레기 및 오물처리장, 갈대밭, 변전소, 송신소, 수신소, 송유시설, 자동차운전학원 등의 부지 및 다른 어떤 지목에 속하지 않는 토지
- 임야 : 산림 및 수림지·죽림지·암석지·자갈땅·모래땅·습지·황무지 등과 같은 토지
- 제방 : 조수·자연유수·모래·바람 등을 막기 위하여 설치된 방조제·방수제·방파제 등의 부지에 속하는 토지
- 구거 : 배수 및 용수를 위하여 인공적인 수로·둑 및 그 부속시설물의 부지와 자연적 유수 등의 소규모 수로부지에 속하는 토지
- 유지 : 물이 고이거나 저장하는 댐·저수지·호수·연못 등의 토지와 연·왕골 등이 자생하는 배수가 잘 되지 아니하는 토지
- 도로 : 도로법 등 관계법령에 의하여 도로로 개설된 토지, 2필지 이상에 진입하는 통로, 고속도로 안의 휴게소 부지 등 일반 공중의 교통운수를 위하여 보행 또는 차량운행에 필요한 일정한 설비 또는 형태를 갖추어 이용되는 토지.

  그러나 아파트·공장 등 단일 용도의 일정한 단지 안에 설치된 통로는 도로로 보지 않는다.

이 외에 주유소용지, 창고용지, 철도용지, 공원, 체육용지, 종교용지 등 28가지로 지목을 구분하고 있다.

MEMO

부지런해야 할 수 있는 토지경매

토지에 대한 경매를 준비하는 사람은 그 해당지역에 대해 가능한 많은 정보를 수집해야 한다. 토지이용에 대한 제한이 있는지 확인하기 위해 국토이용관리법·도시계획법·농지법 등에 대한 공부가 되어야 하고 토지이용계획확인원을 통해 행위제한범위 여부도 알 수 있어야 한다.

그 밖에 공시지가 확인, 등기등본, 토지대장을 볼 줄 알아야 하고 그린벨트지역인지 군사보호구역 등인지도 확인할 줄 알아야 한다. 토지경매를 하는 사람들은 공부도 많이 해야 하고 그만큼 부지런해야 한다. 움직이는 걸 좋아하는 사람만이 이런 것들을 즐기며 할 수 있다.

가격이 평당 몇천 원밖에 하지 않는다는 이유로 무턱대고 입찰을 할 수 있는 것도 아니다.

주택과 같은 부동산은 적은 종자돈으로 입찰을 해서 전세 등을 통해 바로 투자한 돈을 어느 정도 환수할 수 있지만 토지는 잘못 투자했다가는 오랫동안 묶일 수 있으므로 항상 여유자금으로 투자하는 것이 정석이다.

토지이용계획확인서

경매를 할 때 자주 보게 되는 것이 토지이용계획확인서다. 등기부등본을 볼 줄 아는 것이 중요하듯이 경매를 하는 사람이면 토지이용계획확인서도 볼 줄 알아야 한다.

토지이용계획확인서는 2007년 1월 1일부터 인터넷 사이트(luris. moct.go.kr)를 통해 떼어 볼 수 있다. 이 사이트에서는 별도의 수수료를 내면 용도지역별 행위제한 사항 등 규제 정보를 열람할 수 있다.

공장경매

공장이 경매로 나오면, 사람들은 공장의 운영상 어려움으로 경매에 나왔다고 보고 그걸 경락받으면 골칫거리일 거라고 단정하곤 한다. 이와 더불어 공장경매는 다른 일반경매보다 권리관계가 복잡한 경우가 많아 권리분석을 하는 경우도 그리 쉬운 편만은 아니다. 하지만, 우리나라 특성상 공장을 지을 수 있는 곳이 한정되어 있고 공장 하나를 짓기 위해 받아야 하는 인·허가도 까다로운 편이다.

경매로 나온 공장은 이미 그런 절차를 거쳤기 때문에 공장 하나를 잘 매수하게 되면 큰 수익을 얻을 수 있는 것이 바로 이 공장경매다. 공장경매를 하려는 사람은 동종업계의 사람으로서 공장을 신설하고자 하는 사람에게 가장 적합하다. 하지만, 동종업계의 사람이 아니어도 공장을 매수하여 높은 임대수익을 노릴 수도 있고 공장을 원하는 사람에게 되팔 수도 있다.

공장은 다른 부동산과 달리 입찰경쟁률이 현저히 낮은 편이고 보통 시세의 50%에서 70% 사이에서 매각되기 때문이다.

공장경매시 유의해야 할 사항

대출금 문제

공장은 다른 부동산에 비해 들어가는 비용이 제법 큰 편이다. 그래서 대출을 어느 정도 받을 수 있는지 미리 확인해야 한다. 보통 금융권에서는 공장에 대해서는 시가의 50~70% 정도 대출을 해주고 있다. 잔여분에 대한 비용은 별도로 준비를 해두어야 한다.

공장의 기계설비

공장은 토지, 건물뿐만 아니라 기계설비도 함께 감정가에 포함된다. 그래서 비싼 기계설비 때문에 실제 공장가치보다 높게 책정되기도 한다. 이런 기계설비가 매수 후 잘 활용될 수 있으면 문제가 되지 않지만 방치되어 쓸모없는 경우도 많다.

그래서 오히려 처리비용이 더 들 때가 있다. 또한, 기계가 공장주의 소유가 아니라 임대해서 쓰고 있다면 비록 감정가에 포함되었다 하더라도 기계에 대한 소유권을 행사할 수 없다. 그래서 매수자는 다시 새로 기계설비를 구매해야 한다면 생각지도 못한 비용이 더 들수도 있기 때문에 유의해야 한다.

업종과 용도변경 여부

공장은 부지마다 할 수 있는 업종군에 따라 코드가 정해져 있다.
매수 후 운영하고자 하는 업종과 맞는지의 여부와 만약 맞지 않다면
변경 여부를 미리 관할 구청에 알아보아야 한다.

지분경매

공유지분으로 된 부동산의 일부 지분만 경매로 나온 경우가 있다. 공유지분은 전체 부동산에 대해 공유자 각각의 지분비율만큼 권리를 가진다. 권리행사를 할 때는 다른 공유자와 함께해야 하는 제약이 따른다. 그래서 지분이 경매로 나오면 유찰을 거듭하게 된다. 그러나 알고 보면 지분경매도 큰 수익을 가져다준다.

큰 수익을 얻기 위해서는 그만큼 남들보다 더 많은 공부를 해야 한다.

우선매수청구권

부동산의 공유지분에 대해 경매신청이 있으면 다른 공유자에게 통지해야 한다. 다른 공유자는 우선매수청구권을 가진다. 우선매수청구권이라 하는 것은 다른 공유자가 매각기일까지 최고가 입찰신고가격과 동일한 가격으로 매수신청금의 10%에 해당하는 현금이나 법원이 인정하는 유가증권을 보증으로 제공하고 최고매수신고가격과 동일한 가격으로 채무자의 지분을 우선 매수할 수 있는 권리를 말한다.

공유자가 우선매수청구권 행사를 하게 되면 최고가 매수신고인은 차순위 매수신고인이 되고 법원은 최고가 매수신고인 대신 우선 매수신고를 한 공유자에게 매각허가를 한다. 그래서 지분경매가 나오면 입찰 참여율이 낮아진다. 힘들게 임장을 하고 비용을 들인 게 모두 헛수고가 되기 때문이다.

> 공유물분할 판결에 기하여 공유물 전부를 경매에서 그 매각대금을 분배하기 위한 현금화의 경우에는 공유자우선매수가 적용되지 않는다.
>
> (대결 1991.12.16. 91마239)

공유자

- 민법 제263조에 따르면 공유자는 공유물 전부를 지분의 비율로 사용·수익할 수 있다.
- 공유물의 처분은 공유자 전원의 동의가 있어야 하지만 지분에 대한 근저당설정과 처분은 다른 공유자의 동의가 없어도 된다. 건물을 임대하는 경우는 공유자 전원의 동의가 필요하다.

- 공유자는 언제든지 공유물의 분할을 청구할 수 있다. (공유물분할 청구권)

우선매수청구권을 행사할 수 있는 시한

- 공유자는 매각기일 전에 우선매수권을 행사하겠다고 집행관이나 집행법원에 보증금 10%를 제공하고 최고매수신고가격으로 우선매수하겠다고 신고를 할 수 있다.

- 우선매수청구권을 행사할 수 있는 시한은 최고가 매수신고인의 이름과 가격을 호칭하고 매각의 종결을 알리기 전까지 하면 된다. 매각의 종결 후에는 우선매수권을 행사할 수 없다.

- 우선매수청구권을 행사한 후 매각의 종결 고지 전까지 보증금을 제공하지 못하면 인정되지 않는다.

- 입찰자 없이 우선매수청구권을 행사하였을 경우는 최저매각가격으로 우선매수하는 것으로 본다.

- 최고가 매수인은 우선매수청구를 한 공유자가 있을 경우 자신의 의사와 상관없이 곧바로 차순위 매수신고인이 되어 보증금을 돌려받지 못한다. 그래서 차순위 매수신고인은 매각기일종결을 알리는 고지 전까지 포기 의사를 해야 보증금을 돌려받을 수 있다.

공유지분을 취득한 경우

공유물분할 청구

대부분 사람이 공유지분을 취득하면 소유권행사를 하는 데 어려움이 있을 거라고 생각한다. 하지만, 취득한 공유지분에 대해 공유물분할 청구를 해서 독자적인 권리행사를 할 수 있다.

공유물분할소송

공유물분할 청구에 의해 협의가 이루어지지 않으면 소송에 의해 분할을 해야 한다. 소송으로 간 분할청구는 대부분 기각되는 사례는 거의 없다. 그러나 소송비용이 5백만 원에서 천만 원 정도 소요되므로 지분을 경매로 매수할 때는 이 비용에 대해 감안해서 매수가격을 정해야 할 것이다.

건물에 대한 공유지분의 분할

토지에 대한 공유지분은 분할하여 권리행사를 하는데 별 무리가 없지만, 건물에 대한 공유지분은 분할하기가 쉽지 않다. 그래서 경매로 매각을 해서 분할하는 경우가 많다.

낙찰 후 '등기촉탁' 혼자 하는 법

🏠 낙찰 후 '등기촉탁' 혼자 하는 법

낙찰받고 나서 잔금을 치른 후라도 적잖은 비용이 추가로 들어가게 된다. 하지만, 낙찰자가 관심만 갖는다면 충분히 직접 처리하여 추가로 발생할 수 있는 비용을 줄일 수 있다.

조금만 더 부지런하면 얼마든지 혼자서 할 수 있는 것이 바로 이 '등기촉탁'이다. 이것은 쉽게 말하면 낙찰 후 '등기부등본'에 말소될 것은 말소하고, '소유권이전등기'가 기재되게 하는 것이다. 다만, 이 과정과 절차가 약간 복잡하여 애로사항이 많다는 것이 문제라면 문제다. 그래서 여기서는 등기촉탁을 스스로 할 수 있는 방법에 대해서 좀 더 쉽게 기술하였다. 참고하여 줄일 수 있는 비용은 최대로 줄여보자.

등기촉탁 그대로 따라하기

❶ 낙찰 후 3주 후 잔금납부기일 통지서가 날라온다.

❷ 해당 경매계에 가서 "잔금 납부하러 왔습니다."하고 계장님께 대금납부명령서를 받도록 한다.

❸ 은행에서 대금을 납부하고, 납부영수증을 받는다. 그 영수증을 다시 경매계 계장님께 가져다주면 '매각허가결정정본'을 준다.

❹ '매각허가결정정본'을 가지고, 구청 세무과의 등록세 담당자를 찾아가서 '취·등록세 고지서'와 '말소등록세 고지서'를 끊으러 왔다고 이야기한다.

말소등록세 고지서를 끊으려면 말소건수를 알아야 한다. 그 말소건수만큼 고지서를 받기 때문이다. 말소건수란 낙찰받은 부동산의 등기부등본상에 걸려 있는 권리들의 개수를 말한다. (경매개시결정등기, 표제부에 있는 토지별도등기도 말소건수의 개수에 포함해야 한다.)

❺ 이 고지서를 받으면, 은행에 가서 납부하고 '국민주택채권'을 사야 한다. 채권은 주택은행, 국민은행 등에서 살 수 있다. 은행 가서 국민주택채권을 사러 왔다고 하면 "얼마요?"라고 묻는다.

즉, 사러가는 사람이 채권계산을 하고 가야 한다. 등록세고지서를 보면 공시지가가 나오는데 이를 기준으로 채권매입비율이 정해진다. 잘 모르면 세무과 담당자에게 물어보는 것이 좋다.

❻ 그리고 난 다음, 서류를 준비한다.

• 준비할 서류 : 등기부등본, 주민등록등본, 토지대장, 건축물대장, 부동산표시목록(매각허가결정정본 뒤에 붙어 있는 서류)을 준비하여 각각 네 종류로 만든다.

• 첫 번째 종류 :

등기촉탁신청서, 등기부등본, 토지대장, 건축물대장, 주민등록등본, 매각허가결정정본

• 두 번째 종류 :

– 말소할 등기(부동산등기부등본에 나오는 말소건수를 다 적는다. 나중에 고치기 어려우므로 계장님께 물어보는 것이 좋다.)와 말소등록세 영수증들을 모두 첨부하고, 등록세 영수증도 함께 첨부한다.

– 부동산표시목록 (매각허가결정정본에 첨부되어 있는 것을 복사하면 된다. 이 목록에 수입증지를 붙인다.)

– 세액계산목록

– 토지대장과 건축물대장, 주민등록등본(모두 원본이어야 한다.)

• 세 번째 종류 :

말소할 등기, 부동산 표시목록, 세액계산목록, 토지대장과 건축물대장, 주민등록등본(복사본도 괜찮음)

- 네 번째 종류 :

위의 서류들과 똑같이 한 번 더 준비한다.

이렇게 준비된 서류들과 송달료를 3회분 것으로 준비하여 법원에 제출하면 끝난다.

기타

말소건수 적을 때

집합건물일 경우 집합건물의 등기부등본의 갑구와 을구에 나오는 권리들을 접수번호 순으로 차례대로 빈 용지에 쓰면 된다. (펜으로 적어도 된다.)

토지등기부와 건물등기부가 따로 있는 단독주택일 경우 따로 구분하여 쓰면 된다.

예) 2001년 3월 4일 접수 제2355호 근저당권 설정등기
2004년 5월 3일 접수 제678호 가압류 등기
2007년 4월 5일 접수 제3472호 임의경매개시결정신청등기

등기부등본에 이렇게 나오면 그대로 적는다. (그래서 이 부동산의 말소건수는 3가지이다. 말소고지서를 끊을 때 3개를 끊어야 하는 것이다.)

권리분석 67제
문제풀이 답안지

🏠 권리분석 제1탄 _인수와 소멸

해답 1

설정일자	권리내용	인수/소멸	비고	말소기준권리
2005.5.11	근저당	소멸	경매신청	말소기준권리
2005.6.12	임차인	소멸		
2006.1.2	압류	소멸		
2006.5.30	가압류	소멸		
2006.9.20	임의경매	소멸		

해답 2

설정일자	권리내용	인수/소멸	비고	말소기준권리
2006.2.3	가압류	소멸		말소기준권리
2006.4.25	근저당	소멸	경매신청	
2006.7.12	임차인	소멸		
2007.1.2	임의경매	소멸		

해답 3

설정일자	권리내용	인수/소멸	비고	말소기준권리
2005.3.21	가등기	소멸	경매신청	말소기준권리
2005.4.22	가압류	소멸		
2005.5.15	근저당	소멸		
2006.1.17	압류	소멸		
2006.5.23	임의경매	소멸		

해답 4

설정일자	권리내용	인수/소멸	비고	말소기준권리
2006.2.22	강제경매기입등기	소멸	경매신청	말소기준권리
2006.3.3	가등기	소멸		
2006.4.11	임차인	소멸		
2006.5.9	강제경매	소멸		

해답 5

설정일자	권리내용	인수/소멸	비고	말소기준권리
2005.7.2	가등기	인수	신고 없음	
2005.7.11	근저당	소멸	경매신청	말소기준권리
2005.7.12	가압류	소멸		
2006.8.9	압류	소멸		
2006.12.21	임의경매	소멸		

해답 6

설정일자	권리내용	인수/소멸	비고	말소기준권리
2004.3.12	압류	소멸		말소기준권리
2004.6.22	가등기	소멸	경매신청	
2005.3.21	가압류	소멸		
2005.4 9	임차인	소멸		
2005.7.8	임의경매	소멸		

해답 7

설정일자	권리내용	인수/소멸	비고	말소기준권리
2005.2.12	지상권	인수		
2005.6.25	가등기	소멸	경매신청	말소기준권리
2005.7.29	근저당	소멸		
2005.8.8	가압류	소멸		
2006.1.2	임의경매	소멸		

해답 8

설정일자	권리내용	인수/소멸	비고	말소기준권리
2003.5.12	전세권	인수	배당요구 안 함	
2005.6.20	가압류	소멸		말소기준권리
2005.7.11	근저당	소멸	경매신청	
2005.8.19	가압류	소멸		
2006.7.14	임의경매	소멸		

해답 9

설정일자	권리내용	인수/소멸	비고	말소기준권리
2004.5.23	근저당	소멸	경매신청	말소기준권리
2004.6.17	가처분	소멸		
2004.8.13	가압류	소멸		
2005.9.21	임차인	소멸		
2006.10.28	임의경매	소멸		

해답 10

설정일자	권리내용	인수/소멸	비고	말소기준권리
2004.5.23	가처분	인수		
2004.6.17	근저당	소멸	경매신청	말소기준권리
2004.8.13	가압류	소멸		
2005.9.21	압류	소멸		
2006.10.28	임의경매	소멸		

＊선순위 가처분은 인수해야 하지만, 2002.6.30 이전까지는 가처분이 10년 경과 후 본안소송을 제기하지 않으면 취소할 수 있고, 2002.7.1 ~ 2005.7.27까지는 5년이 경과하면 취소할 수 있으며, 그 이후는 3년이 경과하면 취소할 수 있다.

해답 11

설정일자	권리내용	인수/소멸	비고	말소기준권리
2004.5.23	근저당	소멸	경매신청	말소기준권리
2004.6.17	가압류	소멸		
2004.8.13	가처분	인수	건물 철거에 대한	
2005.9.21	임차인	소멸		
2006.10.28	임의경매	소멸		

해답 12

설정일자	권리내용	인수/소멸	비고	말소기준권리
2004.5.23	가등기	소멸	배당신청	말소기준권리
2004.6.17	근저당	소멸		
2004.8.13	지상권	소멸		
2005.9.21	가압류	소멸		
2006.10.28	임의경매	소멸		

＊가등기권자가 배당신청을 하면 담보가등기로 본다.

해답 13

설정일자	권리내용	인수/소멸	비고	말소기준권리
2004.5.23	예고등기	인수	갑구	
2004.6.17	근저당	소멸	경매신청	말소기준권리
2004.8.13	임차인	소멸		
2005.9.21	가압류	소멸		
2006.10.28	임의경매	소멸		

해답 14

설정일자	권리내용	인수/소멸	비고	말소기준권리
2004.5.23	근저당	소멸	경매신청	말소기준권리
2004.6.17	임차인	소멸		
2004.8.13	예고등기	인수	갑구	
2005.9.21	가압류	소멸		
2006.10.28	임의경매	소멸		

＊예고등기는 후순위라도 인수해야 한다.

해답 15

설정일자	권리내용	인수/소멸	비고	말소기준권리
2004.5.23	임차인	인수	배당요구 안 함	
2004.6.17	강제경매기입등기	소멸	경매신청	말소기준권리
2004.8.13	임차인	소멸		
2005.9.21	가압류	소멸		
2006.10.28	강제경매	소멸		

해답 16

설정일자	권리내용	인수/소멸	비고	말소기준권리
2004.5.23	근저당	소멸		말소기준권리
2004.6.17	가압류	소멸	경매신청	
2004.8.13	가등기	소멸		
2005.9.21	예고등기	소멸	근저당 말소회복의 소 (을구)	
2006.10.28	강제경매	소멸		

＊등기부등본 을구란에 있는 예고등기는 소멸한다.

해답 17

설정일자	권리내용	인수/소멸	비고	말소기준권리
2004.5.23	근저당	소멸		경매신청
2004.6.17	예고등기	소멸	근저당 말소의 소 (을구)	
2004.8.13	임차인	소멸		
2005.9.21	임차인	소멸		
2006.10.28	임의경매	소멸		

＊등기부등본 을구란에 있는 예고등기는 소멸한다. 하지만, 잔금납부 전 예고등기권자가 승소하면 말소기준권리가 바뀔 수 있으므로 유의해야 한다.

해답 18

설정일자	권리내용	인수/소멸	비고	말소기준권리
2006.5.23	환매권등기	인수		
2006.6.17	근저당	소멸	경매신청	말소기준권리
2006.8.13	임차인	소멸		
2007.9.21	가압류	소멸		
2007.10.28	임의경매	소멸		

해답 19

설정일자	권리내용	인수/소멸	비고	말소기준권리
2004.5.23	근저당	소멸	경매신청	말소기준권리
2004.6.17	임차인	소멸		
2004.8.13	환매권등기	소멸		
2005.9.21	가압류	소멸		
2006.10.28	임의경매	소멸		

해답 20

설정일자	권리내용	인수/소멸	비고	말소기준권리
2001.5.23	환매권등기	소멸		
2004.6.17	가압류	소멸		말소기준권리
2004.8.13	근저당	소멸	경매신청	
2005.9.21	가압류	소멸		
2006.6.28	임의경매	소멸		

＊환매권은 5년이 지나면 효력이 상실된다.

해답 21

설정일자	권리내용	인수/소멸	비고	말소기준권리
2001.5.23	가압류	인수		
2004.6.17	소유권이전	소멸		
2004.8.13	근저당	소멸	경매신청	말소기준권리
2005.9.21	가압류	소멸		
2006.6.28	임의경매	소멸	근저당 경매신청	

＊전 소유자의 가압류는 인수한다. 그러나 실무에서는 전 소유자의 가압류는 배당에 참가시켜 말소시키는 편이다.

해답 22

설정일자	권리내용	인수/소멸	비고	말소기준권리
2001.5.23	가압류	인수		
2001.6.17	소유권이전	소멸		
2001.8.13	근저당	소멸		말소기준권리
2001.9.21	가압류	소멸	경매신청	
2001.10.28	강제경매	소멸		

해답 23

설정일자	권리내용	인수/소멸	비고	말소기준권리
2001.5.23	가압류	소멸	경매신청	말소기준권리
2001.6.17	소유권이전	소멸		
2001.8.13	근저당	소멸		
2001.9.21	가압류	소멸		
2001.10.28	강제경매	소멸		

해답 24

설정일자	권리내용	인수/소멸	비고	말소기준권리
2001.5.23	가압류	소멸		말소기준권리
2001.6.17	근저당	소멸	경매신청	
2001.8.13	소유권이전	소멸		
2001.9.21	가압류	소멸		
2001.10.28	임의경매	소멸		

＊전 소유자의 채권자가 경매신청을 했을 경우 가압류는 소멸한다.

해답 25

설정일자	권리내용	인수/소멸	비고	말소기준권리
2001.5.23	가압류	소멸		말소기준권리
2001.6.17	임차인	소멸		
2001.8.13	근저당	소멸	경매신청	
2001.9.21	소유권이전	소멸		
2001.10.28	가압류	소멸		
2001.11.12	임의경매	소멸		

해답 26

설정일자	권리내용	인수/소멸	비고	말소기준권리
2001.5.23	근저당	소멸	경매신청	말소기준권리
2001.6.17	가압류	소멸		
2001.8.13	압류	소멸		
2001.9.21	소유권이전	소멸		
2001.10.28	임차인	소멸		
2001.11.12	임의경매	소멸		

해답 27

설정일자	권리내용	인수/소멸	비고	말소기준권리
2004.5.23	가압류	소멸		말소기준권리
2004.6.17	근저당	소멸	경매신청	
2004.8.13	가등기	소멸		
2005.9.21	환매권등기	소멸		
2005.10.28	가압류	소멸		
2005.11.21	압류	소멸		
2006.2.23	임의경매	소멸		

해답 28

설정일자	권리내용	인수/소멸	비고	말소기준권리
2004.5.23	가등기	인수		
2004.6.17	근저당	소멸	경매신청	말소기준권리
2004.8.13	가압류	소멸		
2005.9.21	가처분	소멸		
2005.10.28	임차인	소멸		
2005.11.21	압류	소멸		
2006.2.23	임의경매	소멸		

해답 29

설정일자	권리내용	인수/소멸	비고	말소기준권리
2004.5.23	압류	소멸		말소기준권리
2004.6.17	근저당	소멸	경매신청	
2004.8.13	전세권	소멸		
2005.9.21	가처분	소멸		
2005.10.28	지상권	소멸		
2005.11.21	가압류	소멸		
2006.2.23	임의경매	소멸		

해답 30

설정일자	권리내용	인수/소멸	비고	말소기준권리
2004.5.23	전세권	인수	배당요구 없음	
2004.6.17	근저당	소멸	경매신청	말소기준권리
2004.8.13	가압류	소멸		
2005.9.21	임차인	소멸		
2005.10.28	가처분	소멸		
2005.11.21	예고등기	인수	갑구	
2006.2.23	임의경매	소멸		

해답 31

설정일자	권리내용	인수/소멸	비고	말소기준권리
2004.5.23	전세권	소멸	경매신청	
2004.6.17	임차인	인수	배당요구 없음	
2004.8.13	근저당	소멸		말소기준권리
2005.9.21	임차인	소멸		
2005.10.28	가처분	소멸		
2005.11.21	가압류	소멸		
2006.2.23	강제경매	소멸		

＊전세권자가 강제경매신청을 하였다면 건물 일부에만 설정된 전세권이라는 뜻이다. 이때 전세권자 말소기준권리가 될 수 없다.

해답 32

설정일자	권리내용	인수/소멸	비고	말소기준권리
2004.5.23	가압류	소멸	경매신청	말소기준권리
2004.6.17	지상권	소멸		
2004.8.13	근저당	소멸		
2005.9.21	임차인	소멸		
2005.10.28	가처분	소멸		
2005.11.21	가압류	소멸		
2006.2.23	강제경매	소멸		

해답 33

설정일자	권리내용	인수/소멸	비고	말소기준권리
2004.5.23	임차인	인수	배당요구 안 함	
2004.6.17	근저당	소멸	경매신청	말소기준권리
2004.8.13	근저당	소멸		
2005.9.21	임차인	소멸	배당요구 안 함	
2005.10.28	가압류	소멸		
2005.11.21	가압류	소멸		
2006.2.23	임의경매	소멸		

해답 34

설정일자	권리내용	인수/소멸	비고	말소기준권리
2004.5.23	임차인	소멸/인수	배당요구	
2004.6.17	임차인	인수	배당요구 안 함	
2004.8.13	가등기	소멸	배당요구	말소기준권리
2005.9.21	임차인	소멸	배당요구	
2005.10.28	가압류	소멸	경매신청	
2005.11.21	가압류	소멸		
2006.2.23	강제경매	소멸		

＊말소기준권리보다 선순위인 임차인은 배당요구를 하였을 경우 최우선변제권인 있는 소액임차인 다음으로 가장 먼저 배당을 받아 가지만 부족금액에 대해서는 경락자가 인수해야 한다.

해답 35

설정일자	권리내용	인수/소멸	비고	말소기준권리
2004.5.23	임차권등기	소멸/인수		
2004.6.17	근저당	소멸	경매신청	말소기준권리
2004.8.13	가등기	소멸		
2005.9.21	임차인	소멸		
2005.10.28	임차인	소멸		
2005.11.21	가압류	소멸		
2006.2.23	임의경매	소멸		

＊임차권등기자는 따로 배당요구를 하지 않아도 배당에 포함된다. 소멸된다는 전제는 매각대금이 임차보증금을 다 충족할 수 있을 때만 한다. 부족한 금액은 경락자가 인수해야 한다.
＊경매신청권자가 배당받을 금액이 없으면 무잉여경매로 경매가 취소될 수도 있다.

해답 36

설정일자	권리내용	인수/소멸	비고	말소기준권리
2004.5.23	임차권등기	소멸/인수	경매신청	
2004.6.17	근저당	소멸		말소기준권리
2004.8.13	가등기	소멸		
2005.9.21	임차인	소멸		
2005.10.28	임차인	소멸		
2005.11.21	가압류	소멸		
2006.2.23	강제경매	소멸		

＊임차권등기자는 경매신청을 할 수 없으나 판결문을 받아 강제경매신청을 할 수 있다. 매각금액이 충분하면 따로 배당신청을 하지 않아도 전액 배당받을 수 있어 소멸하지만 부족금액은 경락자가 인수해야 한다.

해답 37

설정일자	권리내용	인수/소멸	비고	말소기준권리
2004.5.23	강제경매기입등기	소멸	경매신청	말소기준권리
2004.6.17	임차권등기	소멸	배당요구 없음	
2004.8.13	임차인	소멸		
2005.9.2	강제경매	소멸		

＊임차권등기자는 따로 배당신청을 하지 않아도 자동 배당을 받을 수 있지만 경매개시결정 등기 전에 등기된 경우만이다. 경매개시결정등기 이후에 등기된 임차권등기자는 따로 배당신청을 하지 않으면 배당에서 제외된다.

해답 38

설정일자	권리내용	인수/소멸	비고	말소기준권리
2004.5.23	전세권(3층)	인수	건물일부에 설정	
2004.6.17	임차인(2층)	인수	배당요구 안 함	
2004.8.13	임차인(1층)	인수	배당요구 안 함	
2005.9.21	근저당	소멸	경매신청	말소기준권리
2005.10.28	가압류	소멸		
2005.11.21	가압류	소멸		
2006.2.23	임의경매	소멸		

해답 39

설정일자	권리내용	인수/소멸	비고	말소기준권리
2004.5.23	전세권(3층)	소멸	배당요구	
2004.6.17	임차인(2층)	인수	배당요구 안 함	
2004.8.13	임차인(1층)	인수	배당요구 안 함	
2005.9.21	근저당	소멸	경매신청	말소기준권리
2005.10.28	가압류	소멸		
2005.11.21	가압류	소멸		
2006.2.23	임의경매	소멸		

＊전세권자가 대항력 요건도 갖추고 있다면 배당받고 부족금액에 대해서는 낙찰자가 인수해야 한다.

해답 40

설정일자	권리내용	인수/소멸	비고	말소기준권리
2004.5.23	전세권(3층)	소멸	경매신청	
2004.6.17	임차인(2층)	소멸/인수	배당요구	
2004.8.13	임차인(1층)	소멸/인수	배당요구	
2005.9.21	근저당	소멸		말소기준권리
2005.10.28	가압류	소멸		
2005.11.21	예고등기	인수	갑구	
2006.2.23	강제경매	소멸		

＊전세권자가 대항력 요건도 갖추고 있다면 배당받고 부족금액에 대해서는 낙찰자가 인수해야 한다.

해답 41

설정일자	권리내용	인수/소멸	비고	말소기준권리
2001.5.23	환매권등기	소멸		
2004.6.17	가압류	소멸	경매신청	말소기준권리
2004.8.13	임차인	소멸		
2005.9.21	근저당	소멸		
2005.10.28	예고등기	소멸	을구	
2005.11.21	압류	소멸		
2006.2.23	강제경매	소멸		

＊환매권등기는 소멸시효가 있다.

권리분석 제3탄 _ 임차인의 권리관계

해답 42

설정일자	권리내용	인수/소멸/부	비고	말소기준권리
2004.5.23	근저당	소멸	경매신청	말소기준권리
2004.6.17	가압류	소멸		
2004.8.13	임차인	소멸	전입/점/확/배	
2005.9.21	임의경매	소멸		

해답 43

설정일자	권리내용	인수/소멸/부	비고	말소기준권리
2004.5.23	임차인	소멸	전입/점/확/배	
2004.6.17	가압류	소멸	경매신청	말소기준권리
2004.8.13	임차인	소멸	전입/점/확/배	
2005.9.21	강제경매	소멸		

＊선순위 임차인이 배당에 참여하더라도 부족금액은 낙찰자가 인수해야 한다.

해답 44

설정일자	권리내용	인수/소멸/부	비고	말소기준권리
2004.5.23	임차인	인수	전입/점/확	
2004.6.17	근저당	소멸	경매신청	말소기준권리
2004.8.13	임차인	소멸	전입/점/확/배	
2005.9.21	임의경매	소멸		

＊배당요구 안 한 임차인을 인수해야 한다.

해답 45

설정일자	권리내용	인수/소멸/부	비고	말소기준권리
2004.5.23	임차인	인수	전입/점/배	
2004.6.17	근저당	소멸	경매신청	말소기준권리
2004.8.13	임차인	소멸	전입/점/확/배	
2005.9.21	임의경매	소멸		

＊확정일자가 없으면 배당에 참여할 수 없다. (단, 소액임차인일 경우 최우선변제금은 받을 수 있다.)

해답 46

설정일자	권리내용	인수/소멸/부	비고	말소기준권리
2004.5.23	임차인	인수	전입/전	
2004.6.17	근저당	소멸	경매신청	말소기준권리
2004.8.13	임차인	소멸	전입/점/확	
2005.9.21	임의경매	소멸		

해답 47

설정일자	권리내용	인수/소멸/부	비고	말소기준권리
2004.5.23	임차인	소멸	전입/확/배	
2004.6.17	가등기	소멸	경매신청	말소기준권리
2004.8.13	임차인	소멸	전입/점/확/배	
2005.9.21	임의경매	소멸		

＊점유를 상실한 임차인은 대항력을 주장할 수 없다. 단, 실무에서는 점유하지 않고 있다는 사실을 증명하기란 어렵다.

해답 48

설정일자	권리내용	인수/소멸/부	비고	말소기준권리
2004.5.23	임차인	인수	전입/점/확	
2004.6.17	임차인	인수	전입/점/배	
2004.8.13	가압류	소멸	경매신청	말소기준권리
2005.9.21	강제경매	소멸		

＊임차인이 배당요구를 하더라도 소액임차인이 아닐 경우 확정일자가 없으면 배당에 참여할 수 없다.

해답 49

설정일자	권리내용	인수/소멸/부	비고	말소기준권리
2004.5.23	임차인	소멸	사/점/확/배	
2004.6.17	근저당	소멸	경매신청	말소기준권리
2004.8.13	가압류	소멸		
2005.9.21	임의경매	소멸		

＊상가임차인은 일정한 금액 이하여야(2008.8.21 이전 2억 4,000만 원, 이후 2억 6,000만 원)만 보호받는다.
＊선순위 임차인이 배당받지 못한 부족금액은 낙찰자가 인수해야 한다.

해답 50

설정일자	권리내용	인수/소멸/부	비고	말소기준권리
2004.5.23	임차인	인수	사/점/배	
2004.6.17	근저당	소멸	경매신청	말소기준권리
2004.8.13	압류	소멸		
2005.9.21	임의경매	소멸		

＊확정일자를 받지 못한 사업자등록 임차인은 배당요구를 하더라도 배당에 참여할 수 없다.

해답 51

설정일자	권리내용	인수/소멸/부	비고	말소기준권리
2004.5.23	근저당	소멸	경매신청	말소기준권리
2004.6.17	가압류	소멸		
2004.8.13	임차인	소멸	사/점/확/배	
2005.9.21	임차인	소멸	사/점	
2006.1.1	임의경매	소멸		

🏠 권리분석 제4탄 _ 물권과 채권의 '배당' 연습문제

해답 52 │ 배당금액 1억 원

설정일자	권리내용	배당금액	비고	소멸/인수	말소기준권리
2002.10.3	저당권 갑 6,000만 원	6,000만 원	경매신청	소멸	말소기준권리
2004.6.17	저당권 을 4,000만 원	4,000만 원		소멸	
2004.8.13	가압류 병 2,000만 원	0		소멸	
2005.9.21	임의경매			소멸	

해답 53 │ 배당금액 1억 원

설정일자	권리내용	배당금액	비고	소멸/인수	말소기준권리
2002.10.3	저당권 갑 6,000만 원	6,000만 원	경매신청	소멸	말소기준권리
2004.6.17	가압류 을 3,000만 원	2,400만 원		소멸	
2004.8.13	저당권 병 2,000만 원	1,600만 원		소멸	
2005.9.21	임의경매			소멸	

*가압류는 후순위에 오는 권리들과 안분배당을 한다. 저당권자 갑에게 6,000만 원을 배당하고 남은 금액 4,000만 원을 안분배당한다.

$$가압류\ 을의\ 배당금액 = 4,000만\ 원 \times \frac{가압류\ 을\ 3,000만\ 원}{가압류\ 을\ 3,000만\ 원\ +\ 저당권\ 병\ 2,000만\ 원}$$

해답 54 │ 배당금액 1억 원

설정일자	권리내용	배당금액	비고	소멸/인수	말소기준권리
2002.10.3	가등기 갑 6,000만 원	6,000만 원	경매신청	소멸	말소기준권리
2004.6.17	가압류 을 3,000만 원	2,400만 원		소멸	
2004.8.13	가압류 병 2,000만 원	1,600만 원		소멸	
2005.9.21	강제경매			소멸	

해답 55 │ 배당금액 1억 원

설정일자	권리내용	배당금액	비고	소멸/인수	말소기준권리
2002.10.3	가압류 갑 6,000만 원	5,455만 원	경매신청	소멸	말소기준권리
2004.6.17	가압류 을 3,000만 원	2,727만 원		소멸	
2004.8.13	가압류 병 2,000만 원	1,818만 원		소멸	
2005.9.21	강제경매			소멸	

＊가압류권자는 후순위 권리자와 안분배당한다.

가압류 갑의 배당금액 = 1억 원 × $\dfrac{\text{가압류 갑 6,000만 원}}{\text{갑 6,000만 원 + 을 3,000만 원 + 병 2,000만 원}}$

가압류 을의 배당금액 = 1억 원 × $\dfrac{\text{가압류 을 3,000만 원}}{\text{갑 6,000만 원 + 을 3,000만 원 + 병 2,000만 원}}$

가압류 병의 배당금액 = 1억 원 × $\dfrac{\text{가압류 병 2,000만 원}}{\text{갑 6,000만 원 + 을 3,000만 원 + 병 2,000만 원}}$

해답 56 │ 배당금액 1억 원

설정일자	권리내용	배당금액	비고	소멸/인수	말소기준권리
2002.10.3	가압류 갑 6,000만 원	5,455만 원	경매신청		말소기준권리
2004.6.17	근저당 을 3,000만 원	3,000만 원			
2004.8.13	가압류 병 2,000만 원	1,545만 원			
2005.9.21	강제경매				

＊근저당은 물권이어서 안분배당으로 먼저 계산을 한 후 후순위에서 자신의 금액을 만족할 때까지 흡수한다. 그래서 근저당은 3,000만 원 모두를 배당받게 된다.

해답 57 │ 배당금액 1억 원 (서울지역 임차인)

설정일자	권리내용	배당금액	비고	소멸/인수	말소기준권리
2002.10.3	근저당 갑 6,000만 원	6,000만 원	경매신청	소멸	말소기준권리
2004.6.17	임차인 을 3,000만 원	(1,600 + 1,400)만 원	전입/점/확/배	소멸	
2004.8.13	근저당 병 2,000만 원	1,000만 원		소멸	
2005.9.21	임의경매			소멸	

＊임차인 을의 보증금액은 4,000만 원 이하이므로 소액에 속해 최우선변제를 받는다. 즉, 가장 먼저 배당을 받는다. ❶ 임차인 최우선변제금 → ❷ 근저당 갑 → ❸ 임차인 보증금의 나머지 금액 → ❹ 근저당 병

해답 58 │ 배당금액 1억 원 (서울지역 임차인)

설정일자	권리내용	배당금액	비고	소멸/인수	말소기준권리
2002.10.3	가압류 갑 6,000만 원	4,845.96만 원	경매신청	소멸	말소기준권리
2004.6.17	임차인 을 4,000만 원	4,000만 원	전입/점/확/배	소멸	
2004.8.13	가압류 병 2,000만 원	1,154.04만 원		소멸	
2005.9.21	강제경매			소멸	

＊소액임차인 을에게 먼저 1,600만 원을 배당하고 나머지는 안분배당한다. 그리고 나서 임차인 은 확정일자가 있어 물권적 성격을 가진다. 그래서 후순위 권리에서 부족한 금액을 흡수한다.

1. 임차인 을 1,600만 원
2. 안분배당

가압류 갑의 배당금액

$$= 8,400만 원 \times \frac{가압류 갑 6,000만 원}{가압류 갑 6,000만 원 + 임차인 을 2,400만 원 + 가압류 병 2,000만 원}$$

$$= 4,845.96만 원$$

임차인 을의 배당금액

$$= 8,400만 원 \times \frac{임차인 을 2,400만 원}{가압류 갑 6,000만 원 + 임차인 을 2,400만 원 + 가압류 병 2,000만 원}$$

$$= 1,938.72만 원$$

가압류 병의 배당금액

$$= 8{,}400\text{만 원} \times \frac{\text{가압류 병 2,000만 원}}{\text{가압류 갑 6,000만 원 + 임차인 을 2,400만 원 + 가압류 병 2,000만 원}}$$

= 1,615.32만 원

임차인 을은 자신의 부족금액을 가압류 병의 배당금액에서 흡수한다.
1,600만 원 + 1938.72만 원 = 3,538.72만 원

부족한 금액 461.28만 원은 가압류 병에서 흡수한다. 그래서 가압류 병의 실제 배당금액은
1,154.04만 원이다.

해답 59 | 배당금액 1억 2,000만 원 (서울지역 임차인)

설정일자	권리내용	배당금액	비고	소멸/인수	말소기준권리
2002.10.3	가등기 갑 7,000만 원	7,000만 원	경매신청	소멸	말소기준권리
2004.6.17	임차인 을 4,000만 원	3,400만 원	전입/점/확/배	소멸	
2004.8.13	임차인 병 2,000만 원	1,600만 원	전입/점/확/배	소멸	
2005.9.21	임의경매			소멸	

＊소액임차인들의 최우선변제금액을 먼저 배당해준다.
 1. 임차인 을 1,600만 원, 임차인 병 1,600만 원
  그리고 나머지 매각대금을 차례로 배당한다. 모두 물권이라서 안분배당을 하지 않는다.
 2. 가등기 7,000만 원
 3. 임차인 을 나머지 1,800만 원

해답 60 | 배당금액 7,000만 원 (서울지역 임차인)

설정일자	권리내용	배당금액	비고	소멸/인수	말소기준권리
2002.10.3	임차인 갑 4,000만 원	1,600만 원	전입/점/배	2,400만 원 인수	말소기준권리
2004.6.17	근저당 을 3,500만 원	3,500만 원	경매신청	소멸	
2004.8.13	임차인 병 2,000만 원	1,900만 원	전입/점/확/배	소멸	
2005.9.21	임의경매				

＊임차인 갑은 확정일자가 없어 우선변제를 받을 수 없다. 그러나 소액임차인에 속하고 배당요구를 하였으므로 최우선변제금은 배당받게 된다. 나머지는 경락자가 인수해야 한다.
 1. 임차인 갑 1,600만 원, 임차인 병 1,600만 원
 2. 근저당 3,500만 원
 3. 임차인 병 나머지 금액

해답 61 | 배당금액 7,000만 원 (서울지역 임차인)

설정일자	권리내용	배당금액	비고	소멸/인수	말소기준권리
2002.10.3	임차인 갑 4,000만 원	1,600만 원	전입/점/배	2,400만 원 인수	
2004.6.17	가압류 을 3,500만 원	3,410.12만 원	경매신청	소멸	말소기준권리
2004.8.13	임차인 병 2,000만 원	1,989.88만 원	전입/점/확/배	소멸	
2005.9.21	강제경매			소멸	

＊확정일자 없는 임차인 갑과 임차인 병은 각각 1,600만 원 최우선변제금을 먼저 배당받는다. 나머지 금액(3,800만 원)으로 가압류 을과 임차인 병은 안분배당을 한다.

가압류 을의 배당금

$$= 3,800만 원 \times \frac{가압류\ 을\ 3,500만\ 원}{가압류\ 을\ 3,500만\ 원 + 임차인\ 병\ 400만\ 원} = 3,410.12만\ 원$$

임차인 병의 나머지 배당금

$$= 3,800만 원 \times \frac{임차인\ 병\ 400만\ 원}{가압류\ 을\ 3,500만\ 원 + 임차인\ 병\ 400만\ 원} = 389.88만\ 원$$

해답 62 | 배당금액 8,000만 원 (서울지역 임차인)

설정일자	권리내용	배당금액	비고	소멸/인수	말소기준권리
전입: 2002.11.22 점유: 2002.11.22 확정일자: 2002.11.24	임차인 갑 4,000만 원	4,000만 원	배당요구	소멸	
2002.11.23	근저당 을 3,500만 원	3,500만 원	경매신청	소멸	말소기준권리
2004.8.13	가압류 병 1,000만 원	500만 원		소멸	
2005.9.21	임의경매			소멸	

＊임차인 갑은 최우선변제금액 1,600만 원을 가장 먼저 받지만 확정일자가 늦어 나머지 금액은 근저당보다 늦게 우선변제를 받게 된다.
❶ 임차인 갑: 1,600만 원 → ❷ 근저당: 3,500만 원 → ❸ 임차인 갑: 2,400만 원 → ❹ 가압류: 500만 원

해답 63 | 배당금액 8,000만 원 (서울지역 임차인)

설정일자	권리내용	배당금액	비고	소멸/인수	말소기준권리
전입: 2002.11.22 점유: 2002.11.22 확정일자: 2002.11.24	임차인 갑 5,000만 원	4,500만 원	배당요구	500만 원 인수	
2002.11.23	근저당 을 3,500만 원	3,500만 원	경매신청	소멸	말소기준권리
2004.8.13	가압류 병 1,000만 원	0		소멸	
2005.9.21	임의경매			소멸	

＊임차인 갑은 소액보증금액에 속하지 않는다. 확정일자 또한 근저당권자보다 늦어 배당도 근저당권자 다음으로 받게 된다. ❶ 근저당: 3,500만 원 → ❷ 임차인 갑: 4,500만 원 → ❸ 가압류: 0
임차인 갑은 확정일자가 늦지만 전입과 점유가 빠른 선순위라서 임차인 갑이 받지 못한 금액분은 경락자가 인수해야 한다.

해답 64 │ 배당금액 8,000만 원 (서울지역 임차인)

설정일자	권리내용	배당금액	비고	소멸/인수	말소기준권리
2003.9.11	근저당 갑 5,000만 원	5,000만 원	경매신청	소멸	말소기준권리
전입: 2003.9.11 점유: 2003.9.11 확정일자: 2003.9.11	임차인 을 3,500만 원	3,000만 원	배당요구	소멸	
2004.8.13	가압류 병 1,000만 원			소멸	
2005.9.21	임의경매			소멸	

＊임차인 을은 소액임차인에 속해 최우선변제금을 먼저 받는다. 그러나 확정일자가 근저당권자
와 같은 날에 설정되었지만 효력은 전입한 날짜에서 익일 0시에 발생하므로 근저당권자보다
늦게 배당받게 된다.
❶ 임차인 을: 1,600만 원 → ❷ 근저당 갑: 5,000만 원 → ❸ 임차인 을: 1,400만 원 →
❹ 가압류 병: 0

해답 65 │ 배당금액 8,000만 원 (서울지역 임차인)

설정일자	권리내용	배당금액	비고	소멸/인수	말소기준권리
2003.9.11	가압류 갑 5,000만 원	4,040.56만 원	경매신청	소멸	말소기준권리
전입: 2003.9.11 점유: 2003.9.11 확정일자: 2003.9.11	임차인 을 3,500만 원	3,500만 원	배당요구	소멸	
2004.8.13	가압류 병 1,000만 원	449,44만 원		소멸	
2005.9.21	강제경매			소멸	

＊임차인 을에게 먼저 최우선변제금 1,600만 원을 배당해주고 선순위가 가압류이므로 나머지
금액으로 안분배당을 하게 된다.
 1. 임차인 을: 1,600만 원
 2. 가압류권자의 배당금

$$= 6,400만\ 원 \times \frac{가압류\ 갑\ 5,000만\ 원}{가압류\ 갑\ 5,000만\ 원 + 임차인\ 을\ 1,900만\ 원 + 가압류\ 병\ 1,000만\ 원}$$

$$= 4,050.56만\ 원$$

 3. 확정일자를 갖춘 임차인 을은 물권이므로 후순위의 가압류 병의 채권에서 자신의 채권이
    만족할 때까지 흡수하므로 나머지 금액에서 계산을 하면 된다. = 1,900만 원
 4. 가압류 병 = 449.44만 원

해답 66 | 배당금액 1억 원 (서울지역 임차인)

설정일자	권리내용	배당금액	비고	소멸/인수	말소기준권리
전입: 2004.9.12 점유: 2004.9.12 확정일자: 2004.9.16	임차인 갑 4,000만 원	4,000만 원	배당요구	소멸	
전입: 2004.9.13 점유: 2004.9.13 확정일자: 2004.9.13	임차인 을 3,000만 원	3,000만 원	배당요구	소멸	
2004.9.17	근저당 병 4,000만 원	3,000만 원	경매신청	소멸	말소기준권리
2005.9.21	임의경매			소멸	

＊임차인 갑과 을은 소액임차인에 속해서 최우선변제금을 먼저 받는다. 하지만, 임차인 갑은 선순위지만 확정일자가 임차인 을보다 늦어 배당순위에서는 늦게 된다.
❶ 임차인 갑, 을: 1,600만 원 × 2 = 3,200만 원 → ❷ 임차인 을: 1,400만 원 → ❸ 임차인 갑: 2,400만 원 → ❹ 근저당: 3,000만 원

해답 67 | 배당금액 1억 2천만 원 (서울지역 임차인)

설정일자	권리내용	배당금액	비고	소멸/인수	말소기준권리
전입: 2004.9.13 점유: 2004.9.13 확정일자: 2004.9.18	임차인 A 4,000만 원	4,000만 원	배당요구	소멸	
2004.9.15	가압류 B 2,000만 원	1,879.80만 원		소멸	말소기준권리
2004.9.17	근저당 C 3,000만 원	3,000만 원	경매신청	소멸	
전입: 2004.9.18 점유: 2004.9.17 확정일자: 2004.9.19	임차인 D 2,000만 원	2,000만 원	배당요구	소멸	
전입: 2004.10.11 점유: 2004.10.11 확정일자: 2004.10.11	임차인 E 1,000만 원	1,000만 원	배당요구	소멸	
2004.10.15	가압류 F 500만 원	120.20만 원		소멸	
2005.12.12	임의경매			소멸	

*임차인이 세 명 모두 소액임차인에 속해 우선 각각 최우선변제금을 배당받는다.
  1. 임차인 A, D : 1,600만 원 × 2 = 3,200만 원, 임차인 E : 1,000만 원
*임차인 A는 선순위지만 확정일자가 가압류권자 B와 근저당권자 C보다 늦다. 그래서 배당의 순위에서는 가압류권자가 선순위가 된다. 가압류권자가 선순위이면 아래 후순위 권리자들과 안분배당을 하게 된다.

  2. 가압류 B의 배당금액

  $= 7,800$만 원 $\times \dfrac{\text{가압류 B 2,000만 원}}{\begin{array}{c}\text{가압류 B 2,000만 원 + 근저당 C 3,000만 원 + 임차인 A 2,400만 원}\\\text{+ 임차인 D 400만 원 + 가압류 F 500만 원}\end{array}}$

  $= 1,879.80$만 원

  3. 근저당은 물권이므로 안분배당 계산 후 후순위에서 자신의 금액이 만족할 때까지 흡수한다.
  근저당 C 배당금액

  $= 7,800$만 원 $\times \dfrac{\text{근저당 C 3,000만 원}}{\begin{array}{c}\text{가압류 B 2,000만 원 + 근저당 C 3,000만 원 + 임차인 A 2,400만 원}\\\text{+ 임차인 D 400만 원 + 가압류 F 500만 원}\end{array}}$

  $= 2,818.92$만 원
  = 후순위 임차인 A의 배당금액에서 181.08만 원을 흡수한다.
  $= 3,000$만 원

  4. 근저당 C보다 확정일자가 늦은 임차인 A는 안분배당 금액에서 근저당 C가 만족할 때까지 내어 주어야 한다.
  임차인 A 배당금액

  $= 7,800$만 원 $\times \dfrac{\text{임차인 A 2,400만 원}}{\begin{array}{c}\text{가압류 B 2,000만 원 + 근저당 C 3,000만 원 + 임차인 A 2,400만 원}\\\text{+ 임차인 D 400만 원 + 가압류 F 500만 원}\end{array}}$

  $= 2,255.76$만 원
  = 근저당 C에게 181.08만 원을 내어 주고 확정일자를 갖춘 임차인은 물권이므로 윗순위 후순위 임차인 D에게서 채권이 만족할 때까지 흡수한다.
  = 2,074.68만 원 + (임차인 D에서 흡수한 금액 - 임차인 D가 얼마를 배당을 받는지 먼저 계산을 해보아야 알 수 있다.)
  = 아래서 계산을 해보면 충분히 부족한 금액을 흡수할 수 있다.
  임차인 A의 배당금액 2,400만 원 (최우선변제금액 1,600만 원을 미리 배당받은 것을 잊지 말자.)

5. 임차인 D 배당금액

= 7,800만 원 × $\dfrac{\text{임차인 D 400만 원}}{\substack{\text{가압류 B 2,000만 원 + 근저당 C 3,000만 원 + 임차인 A 2,400만 원} \\ \text{+ 임차인 D 400만 원 + 가압류 F 500만 원}}}$

= 375.96만 원

= 윗순위 임차인 A의 부족금액을 내어준다. (−325.32만 원)

= 50.64만 원

임차인 D 또한 확정일자를 갖춘 물권이므로 후순위인 가압류 F의 배당금액에서 부족한 금액을 흡수한다. 아래서 계산을 한 금액을 흡수한다.

= (임차인 D 또한 최우선변제금액 1,600만 원을 미리 배당받은 것을 잊지 말자.)

= 400만 원

6. 가압류 F의 배당금액

= 7,800만 원 × $\dfrac{\text{가압류 F 500만 원}}{\substack{\text{가압류 B 2,000만 원 + 근저당 C 3,000만 원 + 임차인 A 2,400만 원} \\ \text{+ 임차인 D 400만 원 + 가압류 F 500만 원}}}$

= 469.56만 원

= 윗순위의 임차인 D의 부족한 금액이 349.36만 원이므로 가압류 F는 자신의 배당금에서 이 금액을 뺀 가격이 된다.

= 120.20만 원

＊소액임차인이 많을 경우 매각대금 1/2 한도 내에서 최우선변제금에 대해 배당을 해준다. 여기에서는 매각대금의 1/2은 6,000만 원이고, 소액임차인들의 최우선변제금액의 합계는 4,200만 원이므로 모두 배당 가능하다.

'원리의 기본 뼈대' 갖추고,
세상의 변화를 포착하라!

필자의 예전 직업은 영어강사였다. 학생들을 가르칠 때 공부를 잘하는 학생인데도 불구하고 의외로 영어점수가 안 나올 때가 종종 있었다. 우리나라의 교육적인 문제는 차치하더라도 성적을 올려야 하는 것이 영어강사의 몫이다.

그래서 학생들의 문제점을 파악해보니까 어릴 적부터 영어공부를 많이 했음에도, 시험에 약한 것이 영어원리에 대해서 전반적으로 체계가 잡히질 않아서 그런 현상이 일어난다는 것을 알았다. 때문에 공부를 좀 한다는 아이들을 맡아도 가장 먼저 하는 것이 바로 아주 기본적인 문장구성에 대한 부분이다. 이 부분만 확실히 짚고 나면 그 다음부터 아이들은 영작이든 무엇이든 척척 잘해내곤 했다. 어떤 공부를 하든 '원리의 기본 뼈대를 갖춘다는 것'이 정말 중요하다는 것을 다시금 절실히 깨닫게 되었었다.

이제 여러분은 권리분석의 기본적 뼈대를 갖추었으리라고 본다. 하지만, 성공한 투자자가 되길 원한다면 이것만 공부해서는 안 된다.

'성공하는 자는, 일반 사람들이 잠을 자는 한밤중에도 멈추지 않고 자신의 실력을 조금씩 갈고 닦은 사람'이라는 말이 있다.

부, 목표를 세우고 자신이 원하는 바를 간절히 원한다면 이루어진다고 한다. 하지만, 그 소망이 이루어지기 위해서는 반드시 '행동'이 따라야 한다. 부로 가는 길에 당신이 경매를 선택하였다면, 첫 번째 행동의 단계가 바로 이 '권리분석 공부하기'이다. 그래도 너무 공부 삼매경에만 빠지지는 말았으면 한다.

항상 새로운 것을 익히고 '삶에 적용'해보려고 '노력'하는 그런 분들이 되었으면 하는 것이 필자의 바람이다.

하룻밤에 읽는 초간단 권리분석

나는 쇼핑보다 경매투자가 좋다 3

초판 1쇄 발행 2009년 4월 13일
초판 6쇄 발행 2015년 10월 15일

지은이 박수진
펴낸이 김선식

경영총괄 김은영
마케팅총괄 최창규
콘텐츠개발1팀장 류혜정 **콘텐츠개발1팀** 한보라, 박지아, 봉선미, 김희연
마케팅본부 이주화, 이상혁, 최혜령, 박현미, 정명찬, 김선욱, 이소연
경영관리팀 송현주, 권송이, 윤이경, 임해랑

펴낸곳 다산북스 **출판등록** 2005년 12월 23일 제313-2005-00277호
주소 경기도 파주시 회동길 37-14 3, 4층
전화 02-702-1724(기획편집) 02-6217-1726(마케팅) 02-704-1724(경영지원)
팩스 02-703-2219 **이메일** dasanbooks@dasanbooks.com
홈페이지 www.dasanbooks.com **블로그** blog.naver.com/dasan_books
종이 한솔피앤에스 **출력·제본** 갑우문화사 **후가공** 이지앤비 특허 제10-1081185호

ISBN 978-89-93285-43-7 (03320)

다산북스(DASANBOOKS)는 독자 여러분의 책에 관한 아이디어와 원고 투고를 기쁜 마음으로 기다리고 있습니다.
책 출간을 원하는 아이디어가 있으신 분은 이메일 dasanbooks@dasanbooks.com 또는 다산북스 홈페이지 '투고원고'란으로
간단한 개요와 취지, 연락처 등을 보내주세요. 머뭇거리지 말고 문을 두드리세요.